MAPA ASTRAL

A carta de Deus

Sandra Paraguassu

MAPA ASTRAL

A carta de Deus

BesouroLux

1ª Edição / Porto Alegre / 2025

Capa e projeto gráfico e ilustrações: Marco Cena
Revisão: Simone Borges
Produção editorial: Bruna Dali e Maitê Cena
Assessoramento de edição: André Luis Alt

P222m Paraguassu, Sandra
Mapa astal ; a carta de Deus. / Sandra Paraguassu. – Porto Alegre : BesouroBox, 2025.
104 p

ISBN: 978-85-5527-177-9

1. Mapa astrológico natal. 2. Astrologia. I. Título.

CDD23. 133.5

BCip – Catalogação na Publicação
Tamara da Rosa Silva CRB-10/2812

Edições BesouroBox Ltda.
Rua Brito Peixoto, 224 - CEP: 91030-400
Passo D'Areia - Porto Alegre - RS
Fone: (51) 3337.5620
www.besourobox.com.br

Impresso no Brasil
Agosto de 2025.

Sumário

INTRODUÇÃO

Sou socióloga, com graduação e mestrado realizados na faculdade de Ciências Sociais da UFRGS. Trabalhei boa parte da minha vida lecionando Sociologia no Ensino Superior. Dessa forma, as minhas crenças sempre se pautaram pelo método científico, isto é, só aceito teorias que possam ser comprovadas empiricamente, ou, no mínimo, que possam passar pelo crivo de uma lógica muito bem fundamentada. Porém, não rechaço nada a priori, vou sempre conferir as informações que recebo.

Foi assim que, há uns trinta anos, uma amiga me disse que a leitura bem-feita de um Mapa Astral valia mais que anos de "divã". Como de hábito, fui conferir a informação: fiz o meu Mapa e os da minha família. Constatei, então, que a nossa personalidade e o nosso propósito de vida ali estavam retratados. A partir daí, iniciei o estudo da Astrologia.

Quando já possuía um conhecimento teórico razoável, comecei a fazer Mapas de amigos e familiares. Todos, sem exceção, retratavam a personalidade dos indivíduos, com seus pontos fortes e fracos e seu propósito de vida.

Sendo assim, um Mapa Astral é, na realidade, um estudo de caso em que a teoria pode ser comprovada empiricamente. Portanto, posso afirmar, sem nenhuma dúvida, que Astrologia é ciência, mas é uma ciência que não exclui a espiritualidade, pois ela não pode prescindir do conceito de reencarnação, na medida em que um Mapa Astral retrata fielmente a nossa personalidade congênita, isto é, a personalidade com a qual nascemos e que foi formatada ao longo dos milênios através das nossas inúmeras encarnações.

A Astrologia, portanto, como uma ciência milenar, é um caminho seguro para o autoconhecimento, e o Mapa Natal, um guia confiável que podemos utilizar em favor da nossa evolução espiritual, pois nos permite reconhecer pontos fracos e fortes da nossa personalidade lidando com eles de forma mais consciente.

O MAPA ASTRAL

O Mapa Astral, ou Carta Natal, é a fotografia do cosmos na hora do nosso nascimento. Aquele momento no qual respiramos pela primeira vez e começamos uma vida biológica independente da mãe.

É importante que se diga que a Carta Astrológica não determina a nossa personalidade e o nosso destino; ela apenas "reflete" a nossa personalidade congênita, a personalidade que formatamos através das diversas encarnações, e mostra, com bastante nitidez, o caminho que escolhemos seguir nesta encarnação. Nascemos sob determinadas conjunções astrológicas porque precisamos dessas energias para o nosso progresso espiritual, elas podem ajudar na nossa caminhada terrena. Porém, o nosso livre-arbítrio será sempre soberano.

O **Mapa Astral** é um estudo de caso que pode ou não comprovar a teoria. E, quando os dados estão corretos, sempre comprova.

Os dados a que me refiro são hora, data e local de nascimento. O horário é sempre o problema. Se não soubermos a hora exata, ou o mais exata possível, não se pode fazer o Mapa.

Costumo dizer que o Mapa Astral é a "Carta de Deus" que trazemos conosco ao nascer, já que ao voltarmos à Terra esquecemos a programação que fizemos, correndo sérios riscos de não seguirmos a rota planejada, criando muitos problemas para nós mesmos. Nesse sentido, o Mapa Astral será sempre um instrumento valioso de correção de rota se porventura precisarmos.

Além do mais, nas atribulações do cotidiano, deixamos de nos "perceber". Não conseguimos identificar os pontos positivos e negativos da nossa personalidade. Muitas vezes deixamos de explorar talentos ou somos dominados por nossas fraquezas.

O Mapa Astral tem o poder de mostrar, com bastante nitidez, esses pontos fortes e fracos, despertando nossa consciência.

O que o Mapa Astral não é? Ele não é uma maneira de prever o futuro. No entanto, é assim que a maioria das pessoas o conhece, distorcendo a sua finalidade, que é o autoconhecimento.

A TEORIA E A PRÁTICA

A teoria astrológica foi formatada através da observação dos astros, há muitos milênios, por luminares que vieram à Terra com esse fim, para ajudar a nós, seres humanos, em nossa evolução espiritual. Isso é tão antigo que nem conhecemos as suas origens. Esses luminares não são diferentes de qualquer outro cientista. Partiram da observação, levantaram hipóteses e comprovaram ou não essas hipóteses através da pesquisa empírica, elaborando, assim, teorias ou leis. Essas grandes mentes tinham o mesmo propósito: promover e evolução do planeta e, consequentemente, dos seres humanos que o habitam. Sabemos que os antigos egípcios, os babilônios, os sumérios, os caldeus e os indianos já utilizavam o "estudo das estrelas", mesmo não havendo nenhum elo entre culturas tão antigas.

Como qualquer outra ciência, a Astrologia está sujeita a mudanças, pois o conhecimento científico está sempre aberto ao questionamento e à transformação.

Teoria e prática são etapas do método científico. A prática, ou comprovação empírica, no caso da Astrologia, é a confecção do Mapa Astral. Ele sempre confirma a teoria. A palavra "sempre" empregada aqui pode parecer exagero, mas não é. O que pode variar é a interpretação do astrólogo, o seu conhecimento sobre Astrologia, e outros fatores externos, mas não o que o Mapa indica de fato. Um astrólogo consciente, que conhece a ciência astrológica, tem sempre a certeza do que está vendo no Mapa e a segurança necessária para orientar o cliente. O que pode ocorrer é os dados (hora, dia e local de nascimento) não estarem corretos. Nesse caso, o Mapa não mostrará a realidade. Fora isso, ele é sempre exato quanto à maneira de ser do indivíduo e quanto ao seu propósito nesta encarnação. O retorno que sempre me foi dado pelos clientes, às vezes até com alguma resistência, é que me fez ter certeza do que afirmo.

Portanto, posso afirmar sem medo de errar que o Mapa Astral é um estudo de caso que sempre comprova a teoria.

OS COMPONENTES DO MAPA ASTRAL

Existem três ingredientes básicos que se combinam para formar uma Carta Natal: os planetas, os signos e as casas.

Os planetas: princípios básicos de experiência ou energias de vida.

Os signos: estilos ou modo de expressão.

As casas: campos de atividades ou áreas de experiência.

Há dez planetas, 12 signos e 12 casas. Assim, as várias combinações são incontáveis, fazendo com que um Mapa seja único. Ele sempre se apresenta em forma de uma mandala, isto é, segundo a teoria junguiana, "um círculo mágico que representa simbolicamente a luta pela unidade total do eu". Esse círculo vai ser preenchido pelas casas, signos, planetas e outros componentes importantes, como os nodos lunares, a lilith e alguns asteroides.

O preenchimento da mandala astrológica é feito por cálculos complexos realizados, tendo como suporte as efemérides, que são tabelas que nos dão a posição dos astros no momento do nosso nascimento. Levando-se em conta que os astros cumprem sempre o mesmo trajeto no espaço, fica fácil para os especialistas saberem em que lugar eles estão agora e estarão nos próximos milênios. Podemos pensar nas efemérides como um "mapa do céu", que é atualizado constantemente para nos mostrar onde cada planeta está em um determinado momento.

Hoje, na era da informática, o cálculo do Mapa se tornou bem mais fácil, pois existem vários programas de computador que fazem o cruzamento dos dados (data, local e hora do nascimento) do cliente com o posicionamento dos planetas em poucos minutos, entregando ao astrólogo um Mapa exato, pronto para ser interpretado.

A figura a seguir mostra uma mandala astrológica sem o cruzamento de dados: a mandala está dividida em 12 casas numeradas de 1 a 12, com os planetas e os signos correspondentes, isto é, com a mesma vibração. Por exemplo: a casa 1 tem a mesma vibração do signo de Áries e do planeta Marte; a casa 2 tem a mesma vibração do signo de Touro e do planeta Vênus, e assim por diante.

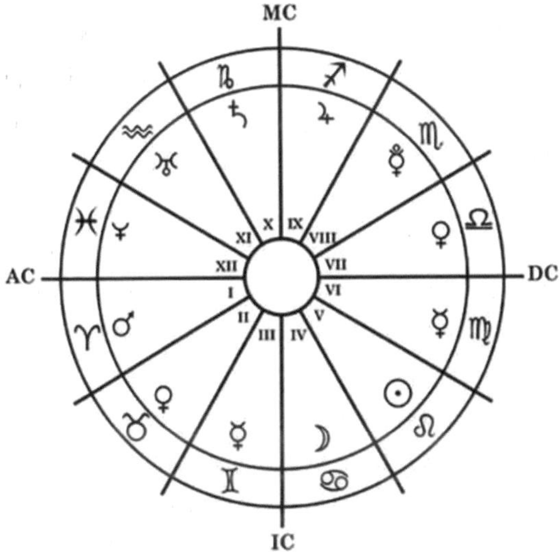

Para melhor entendermos a mandala, eis os signos e seus planetas regentes junto de seus símbolos:

SIGNO	PLANETA REGENTE
♈ ÁRIES	♂ MARTE
♉ TOURO	♀ VÊNUS
♊ GÊMEOS	☿ MERCÚRIO
♋ CÂNCER	☾ LUA
♌ LEÃO	☉ SOL
♍ VIRGEM	☿ MERCÚRIO
♎ LIBRA	♀ VÊNUS
♏ ESCORPIÃO	♇ PLUTÃO
♐ SAGITÁRIO	♃ JÚPTER
♑ CAPRICÓRNIO	♄ SATURNO
♒ AQUÁRIO	♅ URANO
♓ PEIXES	♆ NETUNO

Quando fazemos o cruzamento dos dados pessoais com os dados fornecidos pelas efemérides, acaba a simetria. As casas mudam de tamanho, embora permaneçam na mesma ordem: de 1 a 12 no sentido anti-horário. Os planetas e signos podem trocar totalmente de posição, distribuindo-se pelas casas, dando a conformação relativa ao Mapa de cada indivíduo como nos mostra a figura a seguir.

Como podemos observar, neste Mapa as casas já não têm exatamente o mesmo tamanho. Isso acontece devido à posição do indivíduo na hora do nascimento em relação à Linha do Equador. Em locais mais próximos da Linha do Equador, as casas tendem a ter tamanhos mais regulares. Quanto aos planetas e signos, vão se distribuir no Mapa refletindo a posição em que se encontravam no céu na hora do nascimento.

É muito raro que haja duas pessoas com Mapas iguais. Seria necessário que tivessem nascido na mesma cidade, no mesmo dia e na mesma hora. Mesmo com gêmeos isso é raro acontecer, pois eles não nascem exatamente na mesma hora.

No Mapa que estamos observando existem casas vazias, isto é, sem nenhum planeta. Isso significa que a área de experiência dessas casas não é fundamental para o indivíduo, embora o signo que está nessas casas sempre possa nos dizer alguma coisa. Por outro lado, há casas com mais de três planetas, o que chamamos de *stellium*. Essas casas devem ser olhadas com mais atenção, pois certamente são áreas muito significativas no Mapa.

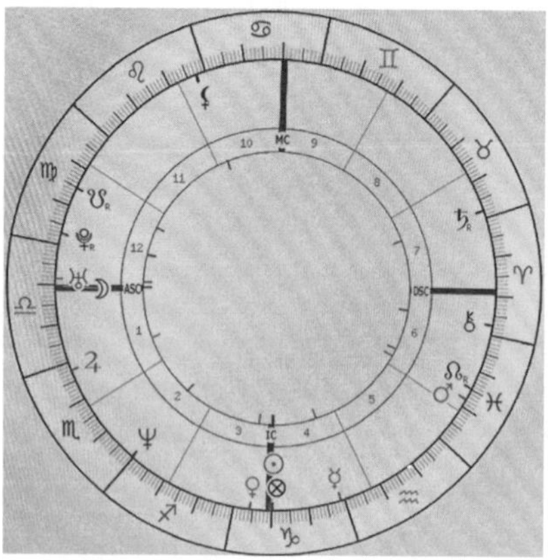

A partir de agora, vamos conhecer mais detalhadamente cada componente do Mapa. Vamos começar pelas casas, pois elas são as "hospedeiras" dos signos e planetas, depois falaremos sobre os planetas e, por último, os signos.

AS CASAS ASTROLÓGICAS

Cada casa representa um campo básico de atividade. Os significados das casas são modificados quando elas estão ocupadas por planetas.

Se fôssemos comparar a Astrologia com o teatro, diríamos: os planetas são os atores, os signos são os papéis que eles desempenham e as casas são os cenários ou situações em que o elenco representa.

As casas nunca mudam de posição. O Ascendente, ou cúspide (entrada) da 1ª casa, sempre está no ponto leste do horizonte, de o Sol aparentemente se levanta todas as manhãs. Analogamente, o Descendente (ou cúspide da 7ª casa) está sempre no ponto oeste do horizonte, onde o Sol se põe a cada tarde.

Lembrando que cada casa representa um determinado campo de atividade em nossa vida, vamos agora voltar nossa atenção detalhada às casas.

Casa 1: cúspide (entrada) da 1ª casa é o Ascendente ou signo em elevação. É um dos pontos mais importantes do Mapa. Representa a identidade da pessoa em ação, a personalidade. Indica, também, a iniciativa, a liderança e a autoexpressão que são caracteristicamente nossas. É como as pessoas nos veem e como queremos que os outros nos vejam. É a casa do EU.

Casa 2: tradicionalmente esta casa está associada aos bens materiais. Mas, mais do que isso, ela representa a segurança. E pode não ser apenas a segurança material, pois coisas diferentes representam segurança para pessoas diferentes; podem ser bens materiais ou quaisquer outros valores. A 2ª casa também mostra aquilo que desejamos; e aquilo que muito desejamos, acabamos atraindo para as nossas vidas. Ela representa, também, o apego a bens materiais ou outros valores.

Casa 3: representa o aprendizado no nível social e intelectual. Representa, portanto, todas as formas de intercâmbio de informações. O aprendizado da 3ª casa se efetiva pela aplicação da lógica, da razão e da curiosidade sem fim. Representa, também, a compreensão dos fatos concretos, os ambientes próximos, a comunidade e parentes.

Casa 4: tradicionalmente, a 4ª casa se relaciona, entre outras coisas, com o lar e a família. Esta casa também simboliza o lar como fonte de renovação e proteção. Para quem tem forte ênfase na 4ª casa, as experiências vividas na infância e juventude são muito importantes. Essas pessoas anseiam por "paz para o próprio eu" e, dessa forma, têm acentuada necessidade de privacidade.

Casa 5: esta casa representa a busca de segurança para a identidade. A pessoa que tem ênfase nesta casa precisa ser apreciada, notada ou aplaudida pelos outros. O desenvolvimento da autoexpressão criativa em qualquer área é, também, atribuição desta casa. É também associada ao divertimento, ao romance e à geração de filhos.

Casa 6: a casa 6 tem sido associada a trabalho, saúde, serviço, deveres e prestimosidade. Nesta casa adquirimos compreensão prática de nós mesmos pelo desempenho cotidiano de nosso trabalho e de nossos deveres. Quando entendemos que a 6ª casa representa uma fase de purificação, aprimoramento e desenvolvimento da humildade por meio do contato imediato com o plano material, podemos começar a entender esta casa de maneira verdadeira e positiva.

Casa 7: os relacionamentos interpessoais são a experiência básica desta casa. A qualidade do relacionamento de uma pessoa é tão importante que influencia todas as outras áreas de sua vida: saúde, finanças, sexo, filhos, sucesso profissional etc. É a casa do NÓS.

Casa 8: os signos e os planetas da casa 8 sugerem como nos portamos financeiramente no casamento, em relação a heranças e em associações de trabalho. A 8ª casa está naturalmente associada a Plutão e a Escorpião, sendo, portanto, rotulada como a casa do sexo, da regeneração e da morte física ou psicológica. A casa 8 purifica e regenera, trazendo para a superfície problemas não resolvidos. É onde lidamos com o inconsciente; nosso e dos outros. É também a casa do ocultismo.

Casa 9: a casa 9 é diretamente ligada à filosofia e à religião – questões a respeito dos "porquês e para quês" da nossa existência. É nesta casa que procuramos a verdade, empenhamo-nos em profundidade para compreendermos as regras existentes e as leis básicas que governam a vida. Os fatos são coletados na casa 3, mas na casa 9 tiram-se conclusões a partir deles. A 9ª casa descreve a perspectiva que ganhamos quando nos afastamos para trás e olhamos a vida de uma certa distância; desse modo, a 9ª casa está ligada a viagens a outras terras e culturas ou pode ser compreendida simbolicamente como a ampliação de horizontes adquirida através de muita leitura ou introspecção desenvolvida pela meditação. Planetas fortes nesta casa propiciam um inusitado grau de intuição.

Casa 10: esta casa indica como nos comportamos publicamente, a imagem que queremos apresentar ao mundo. Esta é a casa da ambição, atrás da qual se oculta a urgência e a compulsão de ser considerado e reconhecido. A natureza de nossa contribuição para a sociedade, nosso status e lugar no mundo são mostrados pelo signo do Meio do Céu , pelos planetas da 10ª casa e qualquer planeta na 9ª casa junto ao Meio do Céu. O posicionamento de muitos planetas na 10ª casa geralmente sugere alguém desejoso de reconhecimento, status e prestígio.

Casa 11: no plano mais profundo, a 11ª casa representa a tentativa de ir além do nosso ego-identidade e tornar-nos algo maior do que já somos. Na 5ª casa, nossa energia é usada para nos distinguir dos outros e para aumentar o sentido do nosso valor e qualidades individuais. Na 11ª casa, a nossa energia pode ser investida em promover a identidade, o propósito e a causa de qualquer grupo a que pertençamos, quer isso seja entendido como toda a raça humana ou um particular segmento dela. Consciência social é a palavra-chave para a 11ª casa.

Casa 12: na 12ª casa descobrimos que a nossa natureza mais profunda é ilimitada, infinita e eterna. Esta casa está, portanto, ligada à espiritualidade, à transcendência. Difíceis posicionamentos podem indicar antigos "pontos fracos" e energias mal utilizadas em vidas anteriores que ainda temos que aprender a usar sabiamente na atual. Posicionamentos positivos nesta casa sugerem qualidades entranhadas que nos servirão vantajosamente nesta vida como resultado de trabalho feito sobre elas no passado. Experiências em orfanatos, hospícios e tratamento de deficientes também aparecem via 12ª casa.

OS PLANETAS

Para efeito de estudo astrológico, podemos dividir os planetas em três grupos: planetas pessoais, planetas sociais e planetas geracionais.

Os planetas pessoais, por estarem mais perto da Terra, influenciam diretamente a nossa personalidade e comportamento. São eles: Sol, Lua, Vênus, Mercúrio e Marte.

Os planetas sociais influenciam a nossa vida em sociedade, relacionamentos, responsabilidades e crescimento pessoal. São eles: Júpiter e Saturno.

Os planetas geracionais impactam a cultura e tendência de uma geração inteira, representando grandes transformações. Esses planetas transitam mais lentamente pelo zodíaco. São eles: Urano, Netuno e Plutão.

O SIGNIFICADO DE CADA PLANETA

Sol: ele ilumina, aclara ou torna consciente a importância de realizar algo significativo dentro das experiências descritas pela casa que ocupa. Onde encontramos o Sol (casa), é aí que descobrimos nosso potencial de brilhar. Ao desenvolver o potencial do Sol, adquirimos dignidade pessoal e respeito próprio, começamos a ser o piloto do nosso próprio barco. Se não desenvolvermos conscientemente a área da vida descrita pelo Sol, poderemos facilmente nos deixar dominar por condições externas ou permitir que forças inconscientes nos dominem.

Lua: a Lua representa reações e hábitos emocionais. A casa onde está a Lua descreve uma área da vida na qual as emoções são despertadas. E o signo, de que forma lidamos com essas emoções. Mesmo sob seus piores aspectos, a Lua representa o crescimento, a mudança, o desenvolvimento de novos hábitos e o início de novas atitudes emocionais que ajudarão a elevar o carma.

Mercúrio: a função de Mercúrio é acumular informações e dados factuais. Através dos dons de Mercúrio desenvolvemos o intelecto. A casa que contém Mercúrio indica uma área que exige reflexão e razão e é, também, onde costumamos agir ou deveríamos agir racionalmente. Ele fornece, também, habilidade de comunicação.

Vênus: Vênus é o planeta do amor. Nossa habilidade para apreciar, valorizar, amar e sermos amados é estimulada em seus domínios. Por casa, Vênus indica a esfera de experiência através da qual é possível alcançar, de uma forma mais natural, um sentido de paz, equilíbrio, bem-estar e satisfação. Vênus também se relaciona com as artes e com tudo que é belo.

Marte: Marte representa a ação exigida para que possamos satisfazer nossa necessidade de independência. A busca de identidade só pode ser desencadeada através de ações favorecidas por este planeta. Marte representa a coragem mas também a agressividade. Na casa em que ele se encontra, essas duas forças podem manifestar-se.

Júpiter: a casa de Júpiter descreve uma área da vida na qual nos vemos diante de experiências que nos oferecem oportunidade de expandir nossa existência. Júpiter encoraja a ultrapassar limitações existentes, sejam elas mentais ou físicas. A casa onde se encontra é frequentemente chamada de "anjo da guarda". Realmente, sob Júpiter estamos guardados e protegidos. Todavia, é importante não tomar a bênção de Júpiter como coisa absolutamente certa e usar a sua energia de forma desregrada.

Saturno: Saturno opera no Mapa Astral para fixar limites às atividades da casa onde ele se encontra. Por trazer responsabilidade, realidade e às vezes frustração a serem enfrentadas e transcendidas, Saturno promete recompensa aos trabalhos bem-feitos. Responsabilidade é, sem dúvida, a mensagem deste planeta.

Urano: é função de Urano romper condições e atitudes limitantes. Ele representa nosso ímpeto de rebeldia contra quaisquer obstáculos que se coloquem no meio de nosso crescimento e evolução. Urano, através da casa em que está situado, mostra uma área onde há o desafio de progredir, de olhar para o futuro, de utilizar nossa originalidade e intuição criativa. Onde está Urano está o estímulo à nossa individualidade e originalidade.

Netuno: a função de Netuno tem sido comparada à de um cordão umbilical que liga o ser humano ao seu Criador. Netuno rege aquelas coisas que não possuem forma e nos ensina a cultivar a fé no desconhecido. Na maioria dos Mapas, Netuno indica a existência de "pontos cegos", descrevendo onde é preciso olhar para além do que é óbvio, no sentido físico, a fim de encontrar um significado mais amplo. Netuno é reconhecido como o planeta da espiritualidade.

Plutão: a função de Plutão é de regeneração. Como regente de Escorpião, este planeta nos desafia a vasculhar nosso inconsciente e a remover e transformar aquilo que encontramos e provou ser indesejável. Na casa onde se encontra, Plutão sugere necessidade de mudança e promete que ela será vivenciada. É aí que vivenciamos uma transformação cabal nas nossas atitudes e hábitos até então extremamente compulsivos.

O SIGNIFICADO DOS PLANETAS NAS CASAS

SOL

1ª casa. O Sol nesta posição tem um efeito estimulante na vida. Pessoas com este posicionamento chamam a atenção dos outros. Enfrentam a vida com energia e vigor, entusiasmo e determinação. Normalmente forjam seu próprio lugar ao sol e são respeitados e reconhecidos por aquilo que fazem. Essas pessoas não ficam sem serem notadas. Elas querem uma posição na vida em que possam exercer a sua autoridade.

2ª casa. Com este posicionamento, o indivíduo tem necessidade de encontrar e definir aquilo que constitui segurança para si antes de depender dos outros. Um sentimento de poder e do próprio valor pode ser adquirido do ganho de dinheiro ou de posses e também da habilidade de lidar e organizar o mundo material.

3ª casa. Com este posicionamento, os indivíduos deveriam desenvolver e honrar seus próprios pensamentos, pontos de vista e perspectivas das coisas. Um sentido de valor, dignidade e poder vem através da consolidação do intelecto e da comunicação das habilidades. Na maioria das vezes, essas pessoas se sentem mais vivas quando estão aprendendo algo ou podem partilhar e trocar ideias e conhecimentos com os outros. Quem tem este posicionamento normalmente sente que poderia saber mais e se comunicar melhor.

4ª casa. Quem tem o Sol nesta casa precisa cavar fundo dentro de si para se encontrar. Eles têm que distinguir sua própria identidade como separada do ambiente familiar. Existe uma grande necessidade de tais pessoas terem seus próprios lares, onde possam exercitar a autoridade e a influência. O Sol na 4ª casa sugere que elas serão mais elas mesmas na segunda metade de suas vidas.

5ª casa. O Sol é muito forte nesta casa, seu domínio natural. Para quem tem esse posicionamento, um sentido de identidade, poder e propósito de vida é alcançado por um total engajamento em atividades que o faça sentir-se bem estando vivo. A necessidade de expressar o *self* é vital para a sua saúde física e psicológica. É recomendada alguma forma de expressão artística para ajudar na libertação do espírito, colocar emoções e sentimentos para fora e ter a oportunidade de criar dentro de si mesmo.

6ª casa. Quem tem o Sol na 6ª casa deve empenhar-se em desenvolver competências e habilidades que lhe proporcionem um ativo lugar no mercado de trabalho. Um sentido de valor pessoal e de distinção pode ser então obtido. Aprender a agir de modo eficiente em coisas práticas fortalece o sentido de identidade. Com o Sol na 6ª casa, aceitar limites e rotinas fortalece a pessoa no sentido de aperfeiçoar e aprimorar a arte de viver.

7ª casa. Para quem tem o Sol neste posicionamento, o sentido do seu próprio poder, propósito e individualidade é encontrado através de uma associação ou de um relacionamento. Quando o Sol brilha na casa de Libra, o "eu precisa do tu". Porém, em alguns casos, quem tem um Sol na 7ª casa pode tentar se esconder atrás da identidade de outra pessoa, procurando alguém grande e forte que lhe diga o que fazer de sua vida.

8ª casa. Em nível profundo, aqueles que têm o Sol na 8ª casa anseiam reunir-se com algo maior do que a vida comum. Este posicionamento confere-lhes, normalmente, um interesse em tudo o que está escondido, oculto e misterioso na vida. Eles têm muita acuidade mental e entram fácil na mente alheia. Precisam também entrar fundo na própria mente, promovendo a sua autotransformação. Sentimentos e emoções circulando por correntes invisíveis que ligam uma pessoa a outra também requerem a atenção de um Sol na 8ª casa. O mundo dos negócios também diz respeito a pessoas com este posicionamento.

9ª casa. Quem tem este posicionamento deveria empenhar-se em aumentar a sua compreensão e perspectiva de vida. Isso pode ser conseguido através de viagens, boas leituras e voos de imaginação ou através da pesquisa filosófica, nos "por que" e "como" da existência. A capacidade de perceber significados e padrões mais profundos que acontecem na esfera coletiva e pessoal da vida vitaliza e potencializa o Sol nesta área. Porém, existe o perigo, para quem tem este posicionamento, de se tornar tão preocupado com os aspectos abstratos da vida, que pode perder o contato com a realidade do dia a dia.

10ª casa. Com o Sol na 10ª casa, a identidade volta-se para a carreira e para as conquistas profissionais. A 10ª casa descreve as qualidades presentes dentro de nós que queremos que os outros notem; nesse caso, o Sol se empenha para ser visto emanando poder, força e autoridade. O Sol na 10ª casa tem muita pressa de ser admirado como alguém . O perigo deste posicionamento é que o sentido de identidade ou valor pessoal pode estar ligado demais a títulos ou posição no mundo.

11ª casa. Quem tem o Sol nesta casa consegue um sentido de identidade mais convincente através de atividades sociais, humanitárias ou políticas. O reconhecimento pessoal pode ser guiado por causas grupais e não é nada incomum alguém com este Sol galgar uma posição de proeminência em vários tipos de organizações. A pessoa com este posicionamento pode ser um canal pelo qual várias correntes ou tendências se manifestam coletivamente. O perigo deste posicionamento é a perda de identidade, alinhando o *self* com um grupo, uma crença ou uma causa.

12ª casa. Com o Sol nesta casa, o ego precisa desempenhar seu papel como servidor da alma. Quem tem este posicionamento tem que aprender a manipular as margens entre o pessoal e o universal, entre o consciente e o inconsciente, entre o ego individual e o coletivo. Quem tem o Sol nesta casa pode agir como um canal ou um médium, seja através das artes ou de alguma forma de trabalho psíquico. Sua sensibilidade torna-os servidores coletivos e curadores que respondem às necessidades dos outros. De algum modo, a identidade pessoal incorpora algo maior e mais universal.

LUA

1ª casa. A Lua nesta posição energiza as respostas emocionais e instintivas do indivíduo, levando-o a irradiar qualidades lunares: sensibilidade, receptividade e uma espécie de abertura infantil, para as quais os outros são naturalmente atraídos. Porém, a forte empatia de quem tem este posicionamento pode levá-lo a agir de acordo com o que ele acha que os outros esperam dele.

2ª casa. A Lua nesta casa se contenta com a segurança emocional que a posse de bens materiais proporciona. Pode haver um apego sentimental a objetos, especialmente quando herdados da família.

3ª casa. Quem tem este posicionamento pode ter certas dificuldades em distinguir entre seus próprios pensamentos e os de quem está ao seu redor. As situações serão "pintadas" de acordo com seu humor e sua sensibilidade. A mente é imaginativa e em geral a memória é retentiva. O conhecimento, para quem tem a Lua na 3ª casa, traz estabilidade emocional.

4ª casa. A Lua nesta casa confere uma grande identificação com a família de origem. O lar é o refúgio das batalhas da vida. Existe a necessidade de um lar como um retiro ou santuário.

5ª casa. Com este posicionamento, a expressão artística é inata e natural. Um senso de importância e de ser especial é inerente a pessoas com este posicionamento. Muitas vezes quem tem a Lua na 5ª casa chama bastante atenção pela maneira agradável e envolvente como se apresenta.

6ª casa. Quem tem este posicionamento encontra segurança e conforto cuidando da rotina diária e provendo as necessidades do corpo. Rituais diários, tais como fazer o café da manhã e tomar banho, dá a eles a sensação de continuidade e bem-estar. Há necessidade de se sentirem emocionalmente ligados ao trabalho.

7ª casa. Quem tem este posicionamento pode ser sensível e adaptável demais às necessidades dos outros. Pode também ter muitas mudanças de humor e de sentimentos em relação aos relacionamentos.

8ª casa. Esta posição propicia uma abertura e uma sintonia inatas com forças ocultas que operam pessoal ou coletivamente. O indivíduo pode ser tomado por complexos inconscientes que o oprimem, tendo que mergulhar fundo em sua própria mente para resolvê-los.

9ª casa. Há uma receptividade natural para os domínios da Filosofia e da religião e uma compreensão intuitiva para conceitos e símbolos. As viagens estão ligadas à vida emocional; algumas pessoas se sentem ligadas a outra cultura além da sua própria.

10ª casa. Pessoas com este posicionamento são extremamente sensíveis com respeito à sua reputação, à sua situação diante do público e àquilo que as pessoas pensam delas de uma forma geral. A carreira ou a profissão devem levar em conta atributos de sensibilidade, devem ajudar a descobrir e expor sentimentos e emoções.

11ª casa. Quem tem a Lua na 11ª casa procura segurança, conforto através dos amigos, grupos e organizações. Essas pessoas gostariam de ser "uma mãe" para os amigos. Existe, neste posicionamento, potencial para agitar os sentimentos de grandes grupos.

12ª casa. Este posicionamento sugere uma abertura psicológica e uma vulnerabilidade inatas. Como um aspirador de pó psíquico, quem tem este posicionamento suga o que está boiando na atmosfera. Podem acreditar que estão sentindo suas próprias emoções quando, na verdade, absorvem as de outrem. Precisam dominar a sua sensibilidade em vez de serem sufocados por elas. Do lado positivo, a Lua na 12ª casa indica um acesso direto a um grande depósito de sabedoria ao alcance da pessoa na hora em que sua visão intuitiva e os recursos internos são mais necessários.

MERCÚRIO

1ª casa. Quem tem este posicionamento torna-se consciente de si mesmo e da vida em geral, sendo curioso e fazendo perguntas. Essa pessoa parece um porta-voz, uma distribuidora de ideias e informações. Costuma ser, em geral, altamente analítica, tanto para si quanto para os outros.

2ª casa. Se bem aspectado, Mercúrio na 2ª casa pode ser alguém com grande habilidade na administração de recursos financeiros. A segurança material pode advir de profissões ligadas à comunicação e ao uso do intelecto.

3ª casa. Mercúrio é muito forte na 3ª casa, uma vez que no zodíaco esta é uma das suas casas. Em geral, um Mercúrio na 3ª casa, quando não mal aspectado, revela um intelecto vivo, espirituoso e observador, adepto de comunicação e respostas rápidas com boa atenção para detalhes. Quem tem este posicionamento é terrivelmente capaz de selecionar fatos que justifiquem ou apoiem o caso que quer apresentar. Quem tem Mercúrio na 3ª casa tem ao menos uma coisinha a dizer a respeito de tudo.

4ª casa. Mercúrio na 4ª casa tende a indicar um ambiente familiar intelectual ou acadêmico, em que a ênfase é ser racional e intelectual talvez às custas dos sentimentos, do calor humano e do físico, isso tanto na família de origem quanto na constituída.

5ª casa. Algumas formas de expressão artística podem ser o meio pelo qual essa pessoa vê, pensa, sente e se comunica. Expandir a mente através do conhecimento e desenvolver a habilidade de se comunicar e transmitir ideias contribui para uma autorrealização maior com Mercúrio nesta posição.

6ª casa. O conhecimento é adquirido no processo de manipular as ocorrências da vida cotidiana e manter a saúde e o bem-estar do corpo. O trabalho deve ser mentalmente estimulante e permitir algum movimento e mobilidade.

7ª casa. A maneira dual de Mercúrio de conseguir informações e depois distribuí-las opera de forma clara quando este planeta está situado na 7ª casa; há muito que aprender através do contato com outras pessoas e também o mesmo tanto para ensinar e compartilhar com elas. Mercúrio na 7ª casa naturalmente deseja se comunicar e trocar ideias com tipos diferentes de pessoas.

8ª casa. Esta casa instiga o curioso Mercúrio a explorar e aprender aquilo que está oculto ou menos óbvio na vida, a investigar nossos segredos e a se lançar em mistérios para encontrar o marco zero. Trata-se de uma mente-detetive que gosta de observar tudo com olhos que enxergam no escuro. Colocando-se em posição de observação, é possível entrar no mundo do dinheiro e das finanças ou voltar sua atenção para a psicologia ou o oculto.

9ª casa. Acreditando que a vida e o cosmos podem ser retratados intelectualmente, quem tem Mercúrio nesta casa tenta descobrir ou entender as leis e os princípios que governam a existência, pesquisando as leis maiores. Normalmente existe o desejo de ensinar e compartilhar aquilo que percebem e descobrem. Este é o posicionamento de filósofos, clérigos, escritores, editores e educadores.

10ª casa. Quem tem este posicionamento gosta de parecer brilhante, inteligente e capaz, e vai querer ser lembrado por essas qualidades. As qualidades e princípios associados a Mercúrio são normalmente refletidos na escolha da carreira. Sendo assim, o trabalho pode ser de escritor, professor, conferencista, vendedor, telecomunicador, administrador etc.

11ª casa. Com Mercúrio nesta casa, o indivíduo se liga a organizações que promovam uma crença, um conceito ou uma causa comuns. É possível que seus pensamentos se detenham nas maneiras como a sociedade possa ser melhorada ou avançada. Mercúrio na 11ª casa sente como que um parentesco mental com outros membros do grupo e às vezes atua como porta-voz do grupo. A natureza do próprio grupo pode ser "mercurial": clubes de debates, sociedades de escritores, grupos de trabalho em rede etc.

12ª casa. Quem tem este posicionamento precisa aventurar-se nos reinos imaginários do inconsciente. Embora, muitas vezes, não escolham dar o primeiro passo, aquilo que está oculto mais cedo ou mais tarde vai aparecer em suas vidas. Quem tem Mercúrio nesta posição, através da introspecção, da busca da alma, da psicoterapia ou da boa literatura, tem necessidade de explorar o inconsciente. Se Mercúrio não está muito mal aspectado, há habilidades psíquicas, uma imaginação viva e um acesso à sabedoria acumulada do passado.

VÊNUS

1ª casa. Vênus nesta casa sugere que a vida deve ser encarada de braços abertos. Uma necessidade natural de se relacionar com os outros com sensibilidade, refinamento e boa vontade está indicada aí. Vênus na 1ª casa muitas vezes exibe uma beleza física ou algo mais que atrai as pessoas.

2ª casa. As pessoas com esta posição alcançam um sentido de bem-estar rodeando-se de tudo que consideram de bom gosto. Elas têm bom olho para a beleza física e material. Algumas podem evitar qualquer coisa considerada feia ou desarmoniosa e também apreciar a beleza, a razão e o propósito de coisas que os outros podem desprezar. Seus recursos inatos incluem um sentido de justiça e de tato diplomático.

3ª casa. Quem tem este posicionamento possui a habilidade de se comunicar facilmente, de maneira fluente e não impositiva. Pessoas com esta posição são sensíveis às necessidades dos que as cercam, os quais, em geral, acham fácil comunicar-se com quem tem Vênus na 3ª casa, como se sentissem um ar de amorosa receptividade.

4ª casa. Quem tem Vênus nesta posição basicamente sabe dar valor à paz e à harmonia e as deseja à sua volta. Essas pessoas não conseguem viver num ambiente carregado de discórdia e de tensão. Satisfação e realização podem ser encontradas no estabelecimento de um lar e em afazeres domésticos. Vênus na 4ª casa sugere uma herança familiar positiva, tanto psicológica quanto material.

5ª casa. Com Vênus na 5ª casa, existe uma necessidade natural de exprimir o *self* de maneira criativa e artística. Mesmo que uma carreira artística não seja seguida, algum tipo de canal criativo proporcionará maior realização pessoal e bem-estar. Quem tem este posicionamento, muitas vezes, é alguém apaixonado pelo amor, e os romances terão a primeira colocação em sua lista de prioridades. Se Vênus está bem aspectada, os filhos podem ser uma fonte de prazer e realização.

6ª casa. Quem tem Vênus na 6ª casa encontra grande satisfação nos rituais diários da vida. Não é o bastante apenas dedicar-se a um serviço; ele tem que ser feito maravilhosamente bem. Essas pessoas têm prazer em desenvolver seus talentos e habilidades; são capazes de se aplicar a um trabalho que requeira precisão e detalhes.

7ª casa. Quem tem este posicionamento só se sente vivo e completo se está envolvido em um relacionamento. Consegue mais facilmente ver sua beleza e valor quando são refletidos por alguém. Vênus na 7ª casa tende a exigir perfeição do parceiro. Porém, a outra pessoa não é toda Vênus. Às vezes ela fará algo que não seja tão gracioso ou tão bonito e então a Vênus de 7ª casa vai ficar desapontada e se tornar crítica. A 7ª casa descreve como interagimos com a sociedade em geral, e Vênus nesta posição estaria bem à vontade nas opulentas salas de visitas nos salões de Paris do século IX.

8ª casa. Este posicionamento favorece sociedades de negócios e o acúmulo de dinheiro e posses através do casamento ou de heranças. Há também o amor pelo que é misterioso e esotérico e um desejo de sondar tudo o que está escondido ou é sutil.

9ª casa. Com este posicionamento, normalmente existe o gosto por viagens e aventuras e a promessa de experiências benéficas e agradáveis a serem vividas através delas. Este é também um bom posicionamento para educadores e professores, que conseguirão comunicar o amor que têm pelas matérias a seus alunos.

10ª casa. Quem tem este posicionamento quer ser notado por sua beleza, gosto ou classe. As profissões serão ligadas às artes e à beleza. Vênus na 10ª casa necessita de uma situação de trabalho harmoniosa, fazendo algo que a valorize, com pessoas de que gosta.

11ª casa. Quem tem Vênus na 11ª casa tem uma inclinação natural para lidar com grupos. Essas pessoas têm a capacidade de influenciar positivamente qualquer grupo. Existe uma disposição para a vida social e encontros culturais. Porém, as pessoas com este posicionamento dão e esperam um padrão muito elevado de amizades ou de envolvimento em grupos e podem ficar desapontadas se os outros não partilham desses ideais.

12ª casa. Vênus na 12ª casa sugere o amor a tudo o que é sutil, oculto, intangível ou difícil de conseguir. Mostra, também, amor por tudo aquilo que as outras pessoas rejeitam: desabrigados, pessoas com deficiência, criminosos... Em nível mais mundano, Vênus nesta casa favorece a associação com instituições: galerias de arte, museus, hospitais etc.

MARTE

1ª casa. As pessoas com este posicionamento são autênticas e espontâneas. Sem parecerem bruscas ou rudes demais, elas podem ser honestas e confiam em si mesmas, tendo a coragem de respeitar suas próprias prioridades em vez de ficar fazendo o papel dos outros. Elas conseguem enfrentar a vida de cabeça erguida. Em vez de ficar esperando as coisas acontecerem, pessoas com este posicionamento tendem a tomar a iniciativa. A necessidade de serem donas de seu próprio destino é normalmente forte e elas vão enfrentar todo tipo de obstáculo para satisfazer seus desejos.

2ª casa. Este posicionamento indica uma natureza muito desejosa de aproveitar o mundo material. Essas pessoas brigam e defendem aquilo a que dão valor. Dinheiro e posses são símbolos concretos de seu poder e força.

3ª casa. Quem tem este posicionamento tem uma mente afiada e ativa, capaz de decisões rápidas. Suas palavras têm a capacidade de empurrar os outros para a ação. E há um desejo natural de falar ou escrever de qualquer coisa que os desperte.

4ª casa. Quem tem marte na 4ª casa tem ânsia de expressar o *self*. Este posicionamento sugere uma agressividade oculta e uma raiva que é preciso levar à superfície para serem analisadas, reintegradas à personalidade e conscientemente dirigidas para fins construtivos.

5ª casa. Há um entusiasmo e uma vitalidade naturais que marcam a individualidade em tudo aquilo que as pessoas com Marte na 5ª casa empreendem. Há muitas vezes amor por esportes competitivos e arriscados.

6ª casa. Quem tem Marte na 6ª casa está sempre preocupado em conseguir independência e autossuficiência em assuntos cotidianos. Saúda a oportunidade de aprender novidades e tem grande satisfação em concluir obras que o desafiem. Pode ter dificuldades e ser impaciente com colegas de trabalho, pois, em geral, gosta de comandar o espetáculo sozinho.

7ª casa. Quem tem este posicionamento tem forte necessidade de definir a identidade e ganhar um sentido de poder através de relacionamentos com os outros. Algumas pessoas parecem tão fortes que assustam os outros.

8ª casa. Algumas pessoas com Marte na 8ª casa ganharão um senso de honra ficando ao lado de suas mais arraigadas crenças e tentando desafiar e convencer os outros a partilharem dos mesmos méritos. Outras julgam o processo de se apropriar de valores e posses de outra pessoa muito mais significante e sedutor. Para muitas pessoas com este posicionamento, a paixão é forte e a expressão sexual pode ser uma competição em que elas pretendem ser as vencedoras. Existe, também, muitas vezes, um interesse fervoroso pelo esotérico e pelo oculto e essas pessoas têm uma espécie de habilidade quase detetivesca para provar aquilo que está escondido ou secreto.

9ª casa. Com Marte nesta casa, Deus não é buscado, mas caçado. Quem tem este posicionamento normalmente persegue e tem crenças filosóficas e religiosas muito fortes. Acreditando que sua versão da verdade é a única, podem promovê-la com o zelo de um cruzado. Outros podem expressar este Marte tendo raiva do próprio Deus. Muitas vezes existe uma grande vontade de viajar, e eles "pegam o chapéu e se mandam" num impulso de momento. Marte na 9ª casa também influirá na educação superior. O conhecimento de um ou dois assuntos poderá trazer um sentido de poder e autoridade.

10ª casa. A pessoa com este posicionamento quer ser vista como poderosa e forte e é possível que escolha uma carreira que realce essas qualidades. Quer ser lembrada como alguém digno de atenção.

11ª casa. Marte, a essência da iniciativa pessoal, fica curiosamente posicionado na 11ª casa, a casa do pensamento grupal, porque tanto pode enaltecer a retórica do pensamento em equipe e cooperação, quanto ter dificuldades em ajustar suas próprias ideias fortes com a opinião dos outros. Quem tem este posicionamento geralmente tem habilidade para levar um grupo à ação, abraçando uma causa que, julga, vai melhorar a sociedade de alguma maneira. Porém, é preciso tomar cuidado para que essa cruzada não seja feita de uma maneira beligerante.

12ª casa. Nesta casa a agressividade natural de Marte, por vezes, pode ser mascarada como uma vaga e passiva insatisfação em relação à vida. Escondido em algum lugar de sua psique, existe um dispositivo incendiário que pode se inflamar em súbitos episódios ou num comportamento incontrolável. Em vez de usar suas energias para encarar a vida de "cabeça erguida", Marte nesta casa frequentemente usa estratégias para sair de situações através de escapismos ou de comportamentos autodestrutivos.

JÚPITER

1ª casa. Quem tem Júpiter na 1ª casa, a do *self*, é um filósofo nato que espera responder a algumas das grandes questões da existência. Em tudo que fazem, têm a habilidade de inspirar nova vida e interesse. Às vezes são grandes pensadores sociais e educacionais. Pessoas com este posicionamento podem sempre contar consigo mesmas para vencer os embates da vida. Em alguns casos, um inflado sentido de identidade é um dos perigos deste posicionamento.

2ª casa. O instinto de aquisição é elevado para os que têm Júpiter nesta casa, e com tão fortes motivações eles geralmente têm sucesso no campo material. Existe nessas pessoas um entusiasmo natural para com o significado prático da vida.

3ª casa. Júpiter na 3ª casa expande a mente. Existe energia e inspiração, que aparecem em pensamentos e palavras. Aqueles que têm este posicionamento, mesmo quando focados em algo específico, não perdem a ideia do que está acontecendo ao seu redor. O conhecimento pode ser adorado como um deus que lhes oferece sempre mais alegria e domínio sobre a vida.

4ª casa. Para aqueles que têm este posicionamento, o suporte dado pela família de origem é decisivo para o seu posicionamento na vida. Geralmente vem da família a condição material e intelectual para o seu desenvolvimento. Essas pessoas, em vez de ansiarem por reconhecimento público ou profissional, podem se devotar ao trabalho da alma e ao conhecimento interior. Alguns podem viajar para outras terras procurando o seu lado espiritual.

5ª casa. Esta casa sempre gosta de se expressar, mas, com Júpiter nesta posição, isso tem que ser feito com audácia e fogos de artifício. Através de qualquer forma de autoexpressão criativa, quem tem Júpiter na 5ª casa faz da sua criatividade uma réplica da própria criação divina. Para quem tem este posicionamento, grandes desafios são importantes para que se sinta vivo.

6ª casa. Júpiter tenta sempre fazer algo significativo e quem o tem na 6ª casa procura (ou deveria procurar) uma experiência significativa na vida através do trabalho e do serviço prestado a outros. A autopurificação e o aprimoramento de suas habilidades proporcionam uma maior satisfação.

7ª casa. Júpiter é o planeta das benesses e, estando na casa dos relacionamentos, favorece a interação social e comunal, aumentando e expandindo os horizontes.

8ª casa. Júpiter nesta casa pode indicar um casamento financeiramente interessante, bons negócios e legados através de heranças. Se Júpiter não estiver mal aspectado, quem tem este posicionamento pode confiar na própria sensibilidade para futuras transações do mercado e seguir com sucesso qualquer intuição a esse respeito. De forma menos mundana, na 8ª casa Júpiter procura significados no que está oculto em tabus ou mistérios e também no inconsciente humano.

9ª casa. Contanto que não se veja dentro de uma torre de marfim de abstrações mentais, quem tem Júpiter na 9ª casa vai inspirar outros com sua visão e discernimento. Junto com a Filosofia e a religião, viagens e educação superior devem ser encaradas como maneiras de expandir o conhecimento e encontrar o significado da vida.

10ª casa. Quem tem Júpiter na 10ª casa quer ser visto com todo o seu poder, brilhantismo e habilidade de liderança. É através da carreira, do status e do reconhecimento que procuram significado e realização na vida. Normalmente querem sucesso profissional e não encontram muitos obstáculos para isso.

11ª casa. Quem tem Júpiter na 11ª casa costuma filiar-se a clubes ou organizações que promovam causas humanitárias. Normalmente estão sintonizados com novas correntes e tendências progressistas. Essas pessoas costumam ter muitas metas e objetivos na vida e estão, quase sempre, olhando para o futuro.

12ª casa. Quem tem este posicionamento pode sentir como se tivesse um anjo da guarda que aparece sempre que as coisas estão difíceis. O que realmente sustenta e salva as pessoas com Júpiter na 12ª casa é uma profunda fé na benevolência e no significado da vida. A visão ampliada que assoma em tempos de dificuldade não só traz esperança e inspiração para si mesmas como também guia outras pessoas.

SATURNO

1ª casa. A tal ponto nos preocupamos em não dar um passo em falso no domínio de Saturno que, em nome da nossa segurança, restringimos severamente as nossas ações. Quem tem Saturno na 1ª casa demonstra relutância em encarar a vida.

Imagina que os outros estão constantemente avaliando a sua atuação, quando, na verdade, é sua autocrítica que lhe traz um maior problema. Quem tem este posicionamento normalmente tem um grande senso de responsabilidade.

2ª casa. Com Saturno na 2ª casa, insegurança e sentimentos de inadequação são vividos na esfera do dinheiro, das posses e dos recursos materiais. Em nível mais profundo, quem tem este posicionamento não tem confiança em sua habilidade para lidar com o mundo material.

3ª casa. Uma das principais preocupações de quem tem Saturno na 3ª casa é expressar-se de maneira a poder ser entendido. Essas pessoas sentem-se inseguras quanto à sua expressão e inteligência. Porém, este posicionamento é, antes de mais nada, um convite para desenvolver as potencialidades de uma mente profunda e estável.

4ª casa. Esta casa representa a base de operações a partir da qual conhecemos a vida; isso normalmente significa o nosso lar, mas também pode se aplicar ao ambiente familiar, às raízes e à raça. Saturno nesta casa implica dificuldades e restrições que dizem respeito a essas áreas. Pessoas com este posicionamento podem levar muito tempo para conseguir a sua identidade e força interior, mas, uma vez encontradas, são sólidas e duram muito.

5ª casa. Os que têm Saturno nesta casa têm dificuldade de expressar livremente sua individualidade e criatividade. Antes de se arriscarem a revelar quem são, escondem a sua própria individualidade para agir de acordo com a expectativa dos pais. Quem tem Saturno na 5ª casa tem que dar permissão a si mesmo para deixar aparecer a criança brincalhona e criativa que tem escondida dentro de si.

6ª casa. Esta posição geralmente confere habilidade de organização e administração, bem como a capacidade de prestar atenção aos detalhes. Porém, a vida diária e sua rotina podem ser sentidas como opressivas e excessivamente pesadas. Essas pessoas precisam de rotina e ritual, mas, ainda assim, podem se sentir frustradas e presas a estruturas que elas mesmas criaram. Este posicionamento pode descrever uma saúde excêntrica e levar as pessoas a terem muito cuidado com tudo que comem ou colocam nos seus corpos. Algumas fazem carreira em profissões ligadas à saúde e à cura.

7ª casa. Relacionamentos não são muito fáceis para pessoas que têm Saturno na 7ª casa; no entanto, essa é a área na qual elas vão ser desafiadas a crescer e se examinar. Muitas vezes essas pessoas criam obstáculos nos relacionamentos por medo de ficarem ligadas demais aos outros. Saturno nesta casa também se manifesta pela procura de um parceiro que lhes dê segurança e estabilidade.

8ª casa. Quem tem este posicionamento, em geral, hesita enfrentar o que há por baixo da superfície da vida e, ainda assim, é disso que necessita para conseguir maior profundidade e maturidade. Alguns podem fazer carreira com o dinheiro alheio – banqueiros, agentes da bolsa de valores etc.

9ª casa. Quem tem este posicionamento normalmente sente necessidade de encontrar respostas definitivas para questões básicas sobre o significado e as regras da existência. Pode "ter medo de voar", fica amedrontado com seu próprio potencial e não gosta de correr riscos.

10ª casa. Quem tem este posicionamento é extremamente sensível a respeito de como é visto pelos outros. Normalmente existe a necessidade de alcançar uma posição e o reconhecimento através de algum tipo de trabalho socialmente aceitável. Porém, essas pessoas terão que trabalhar duro para conseguir o respeito e o status que querem.

11ª casa. Saturno na 11ª casa fica muito atemorizado com o fato de ter que abrir as suas bem guardadas fronteiras. Pessoas com este posicionamento sentem-se constrangidas e retraídas em contato com grupos. Porém, é precisamente em situações grupais que poderão aprender sobre si mesmas e sobre os outros.

12ª casa. Pessoas com Saturno na 12ª casa têm medo daquilo que jaz abaixo do nível da consciência. Em alguns casos, sofrem de um tipo de culpa ou desespero – algo dentro delas lhes diz que não são tudo o que poderiam ser. É necessário, para quem tem este posicionamento, que todo o domínio do inconsciente seja olhado com seriedade. Se conseguirem ultrapassar seus medos e partirem para uma autoinvestigação psicológica, seus esforços serão amplamente recompensados.

URANO

1ª casa. Quem tem Urano na 1ª casa encara melhor a vida tendo a coragem de determinar suas próprias verdades. Se não há caminho, eles tendem a fazer um. Altamente originais e inventivos, apresentam novas descobertas ou ideias em seus vários campos de interesse. Essas pessoas precisam de muita liberdade pessoal; querem ser deixadas em paz para prosseguir naquilo que intentam, sem que ninguém as perturbe.

2ª casa. Quem tem Urano na 2ª casa vai precisar encarar toda a questão de dinheiro, posses e recursos materiais de maneira bem diferente da normal. Às vezes as maneiras de ganhar dinheiro não são nada comuns, ou lucros podem advir de áreas desenvolvidas recentemente, de tecnologias modernas ou de alguma tentativa inteiramente individualizada. Quem tem este posicionamento muitas vezes experimenta uma espécie de mudança, de rompimento ou de desestruturação na área da segurança pessoal que o força a reavaliar toda essa esfera de vida.

3ª casa. Aqueles que têm Urano na 3ª casa são inventivos, pensadores originais e intuitivos. A mente uraniana tem revelações e intuições repentinas quanto à vida, às pessoas, aos acontecimentos e às situações. Muitas vezes exibem uma espécie de clareza que os capacita a resolver certos problemas rapidamente; parecem tirar "respostas do ar". Às vezes suas ideias estão à frente de seu tempo. Albert Einstein nasceu com Urano na 3ª casa.

4ª casa. Quem tem Urano na 4ª casa não parece limitado pela unidade da família biológica. Pode se sentir um estranho junto à sua família de origem. Este posicionamento implica uma necessidade de encontrar o lugar a que realmente pertence, pois sua família ou suas raízes raciais parecem não lhe dar esse tipo de compreensão. Pode também descrever um lar familiar diferente: uma comunidade utópica ou uma casa que tenha algo nada convencional.

5ª casa. Em vez de se ater a modos convencionais de autoexpressão, quem tem Urano na 5ª casa deveria deixar sua individualidade irradiar-se através de qualquer coisa que faça. Semelhante a Urano na 1ª casa, ele não pode evitar ser inovador e diferente. Quem tem este posicionamento pode nunca estar totalmente satisfeito com aquilo que cria, sempre achando que poderia ter feito melhor. Elvis Presley nasceu com Urano na 5ª casa.

6ª casa. Para quem tem este posicionamento, toda a área de trabalho pode ser enfrentada de maneira não convencional. Raramente dotados para uma rotina que comece às 8 e termine às 18 horas, acharão difícil ficar num emprego só pelo sentido do dever ou por segurança. Suas mentes precisam estar continuamente ocupadas e interessadas nas tarefas que têm diante de si, e é melhor quando o serviço lhes permite modificações, variações, inventividade e movimento. Em geral, não gostam de ser limitados pelas pequenas necessidades de cada dia e com as rotinas da existência. Interessados na relação entre mente e corpo, podem explorar várias formas de medicinas alternativas e complementares.

7ª casa. A atitude diante de relacionamentos vai muito além de tudo o que é convencional se Urano está na 7ª casa. Enquanto muitas pessoas mantêm um relacionamento por necessidade de segurança ou por sentido de dever, quem tem Urano aqui vai achar difícil suportar um relacionamento sem vida ou acabado só por esses motivos. Se uma relação não é criativa, divertida, aberta e honesta, ele pode rompê-la. Essas pessoas provavelmente terão uma fantástica visão intuitiva para futuras tendências, como se pudessem sentir o pulso da sociedade.

8ª casa. Quem tem Urano na 8ª casa muitas vezes deseja sondar além do plano superficial da existência para descobrir as mais sutis leis da natureza que operam na vida. Experiências psíquicas e telepáticas não são estranhas para pessoas com Urano nesta casa. Num nível mais mundano, súbitas reviravoltas do destino tendem a acontecer através do casamento, de heranças ou de sociedades de negócios.

9ª casa. Urano está sempre procurando a verdade, e a melhor casa para fazê-lo é a 9ª. Em vez de aderir a abordagens tradicionais ou ortodoxas, quem tem este posicionamento encontra, de maneira muito independente, sistemas filosóficos alternativos pelos quais ordenam a sua vida. O sábio e místico Krishnamurti nasceu com Urano na 9ª casa. Se Urano não está mal aspectado, quem tem este posicionamento, assim como quem está na 7ª casa, terá, provavelmente, uma fantástica visão intuitiva para futuras tendências, como se pudesse sentir o pulso da sociedade.

10ª casa. Os que têm Urano na 10ª casa sentem necessidade de contribuir com algo original e progressista para a sociedade. Não querem ser vistos como medíocres, mas como força de mutação, de rebelião, de inovação. Dessa forma, tendem a desenvolver uma carreira em que poderão lidar com originalidade e inventividade.

11ª casa. Os que têm Urano nesta casa são capazes de ter um sentimento de parentesco com toda a raça humana. Têm elevados ideais e ideias originais e gostam de expô-las a grupos. Geralmente gostam de se misturar com pessoas bem-pensantes, seja num grupo de cientistas ou de astrólogos.

12ª casa. Pessoas com Urano na 12ª casa podem abordar o reino do inconsciente de uma maneira inventiva, original e intuitiva. Têm acesso ao depósito da sabedoria ancestral da mente. Se Urano está bem aspectado, as pessoas têm uma grande quantidade de bons conselhos para oferecer aos outros, como se o *insight* e o conhecimento estivessem sempre à mão. No entanto, se Urano tem muitos maus aspectos, então sua visão às vezes é prejudicada por suas próprias neuroses e complexos pessoais. Estes terão que ser "limpados" antes que os benefícios positivos deste posicionamento sejam sentidos. Atuando como canais através dos quais novas ideias e tendências são estabelecidas, podem revolucionar ou romper os trabalhos de qualquer instituição com que estejam envolvidos.

NETUNO

1ª casa. Devemos louvar o Netuno de 1ª casa por sua notável sensibilidade para com os outros. Mas também devemos nos preocupar com a falta de um claro e bem definido sentido de sua própria identidade e direção na vida. Em casos extremos, essas pessoas são como espelho: só refletem quem ou o que está na sua frente. No entanto, há muitas maneiras positivas de expressar Netuno. Por poderem englobar setores além dos limites do ego normal da existência, podem ser capazes de expressar sentimentos e imagens coletivas através de uma espécie de mediunidade coletiva. Este posicionamento aparece, muitas vezes, em Mapas de excelentes advogados e de pessoas dedicadas à cura.

2ª casa. Com Netuno nesta posição, inconscientemente a pessoa tende a se sentir culpada por ganhar dinheiro ou conseguir acumular posses, acreditando que o que pertence a um deveria pertencer a todos. De modo inverso, pode achar que o mundo lhe deve alguma coisa: o que é das outras pessoas deve ser dela também. Às vezes este posicionamento indica confusão e nebulosidade ao lidar com finanças ou investimentos. Forças imprevisíveis minam a especulação – o que parecia seguro acaba sendo uma fraude.

3ª casa. Netuno na 3ª casa pode confundir e dispersar a mente. No entanto, outras vezes, a mente netuniana mostra um excepcional faro para as correntes invisíveis e as sutilezas do ambiente. Ela sente "mensagens" ou nuances ocultas e significados por trás de tudo o que é dito ou tocado. Netuno na 3ª casa pode não se sentir bem se expressando através de canais de comunicação normais. O que eles têm a dizer pode ser demonstrado mais amplamente através da dança, da poesia, do canto, da pintura ou da fotografia. Em casos extremos, pode haver confusão mental ou paranoia.

4ª casa. Quem tem Netuno na 4ª casa absorve e reflete as influências atmosféricas ao seu redor. Na medida do possível, deveria ter muito cuidado ao selecionar o ambiente em que vive. A maneira como pensa ou sente, seus gostos, opiniões e inclinações refletem aquilo que vivenciou na primeira infância. Este posicionamento sugere profundas ansiedades espirituais que aparecem na segunda metade da vida.

5ª casa. Este posicionamento confere uma imaginação rica e viva, gosto criativo e uma habilidade natural para exteriorizar os sentimentos de maneira grandiosa e exuberante. Quem tem este posicionamento se beneficiará de qualquer ideia criativa que apareça num momento de folga que lhe dê a oportunidade de expressar seus sentimentos, suas emoções. Porém, o que ele atrai para a sua vida pode requerer que dê e receba o que os outros querem e necessitam, em vez de ser ou fazer aquilo que ele mesmo quer.

6ª casa. Frequentemente, as pessoas que têm Netuno na 6ª casa não estão muito interessadas na praticidade da vida do dia a dia. No entanto, alguns podem ficar obcecados com os trabalhos domésticos diários e o serviço da casa servir de válvula de escape ou um modo de evitar outras áreas da vida que precisam ser espanadas. Num sentido positivo, essas pessoas podem ter uma visão divinamente inspirada e trazê-la à manifestação concreta. O emprego pode estar vinculado a habilidades netunianas: medicina, curas, trabalhos que exijam sensibilidade (artística ou mediúnica) e, em alguns casos, trabalhos em bares ou no mar.

7ª casa. Quem tem este posicionamento muitas vezes é chamado a dar muito nos relacionamentos, a aceitar as limitações dos outros. Às vezes mostra um tipo de amor altruísta. No entanto, em outras pode se permitir ser massacrado como se não tivesse nenhum direito no relacionamento. A linha divisória de Netuno entre abnegação autêntica e tolerância ou ser apenas um capacho é bem difícil de definir. Além de se referir aos relacionamentos íntimos, a 7ª casa também diz respeito à maneira como nos relacionamos com a sociedade em geral. Netuno nesta casa encontra os outros a partir do amor, da sensibilidade e da abertura, ou apresenta um rosto simpático para cada ocasião, mesmo não estando muito satisfeito. Pessoas que aconselham e ajudam os outros de alguma maneira têm este posicionamento.

8ª casa. A pessoa que tem este posicionamento é extremamente sensível e influenciada por sentimentos e tendências ocultas que estejam no ar. Dependendo dos aspectos de Netuno, a experiência de forças intangíveis e não materiais pode operar de maneira destrutiva ou construtiva. Em caso positivo, a pessoa será guiada e inspirada como que do nada e poderá servir como fonte de conforto para os que estão passando por crises. No entanto, em caso negativo, a abertura psíquica deste posicionamento pode se manifestar de maneira menos desejável, entrando em contato com forças negativas. A 8ª casa também diz respeito aos bens alheios. Dessa forma, é importante para quem tem este posicionamento estar bem à testa de seus negócios quando estes envolverem sócios ou parceiros.

9ª casa. Netuno na 9ª casa busca redenção e salvação através de uma crença. Quem tem este posicionamento anseia por juntar-se a algo maior que o *self* através de uma visão devotada a uma filosofia, uma religião ou um culto. Essas pessoas têm uma mente muito aberta e impressionável, de uma imaginação vívida. Sentem que poderiam ser mais do que são se apenas conseguissem encontrar um meio de expandir mais e utilizar plenamente suas faculdades e potenciais. A 9ª casa é também a casa das grandes viagens. Para quem tem Netuno nesta posição, viajar pode significar fugir para evitar algo no seu ambiente ou, então, poderá fazer peregrinações para encontrar a iluminação.

10ª casa. Umas das manifestações de Netuno na 10ª casa recai sobre aqueles que são adorados pelo público em geral. De alguma maneira, eles prendem a imaginação coletiva ou vêm apresentar um movimento ou uma força que passa pela sociedade. Karl Marx tinha este posicionamento. Algumas pessoas com este posicionamento vão achar que a salvação depende de encontrar o trabalho certo ou de servir às necessidades dos outros. Além de política e cinema, outras carreiras netunianas incluem serviço social, artes, música, dança, trabalhos religiosos e curas.

11ª casa. Muitos com Netuno na 11ª casa têm uma visão utópica da vida e se juntarão a grupos que promovam causas humanitárias ou sociais. Eles sentem a necessidade de participar com outros, trazendo ao mundo suas ideias de verdade, justiça ou beleza. Alguns defenderão a causa dos menos favorecidos. Se algum segmento da população está sofrendo ou sendo maltratado, eles sentem isso tão profundamente como se estivesse acontecendo com eles. Muitos com Netuno nesta casa serão atraídos por seitas secretas, grupos de arte ou círculos espiritualistas ou psíquicos.

12ª casa. Os que têm este posicionamento são extremamente sensíveis a tendências, movimentos e forças ocultas na atmosfera. Às vezes eles têm mais conhecimento nesses níveis do que sobre o que está acontecendo na vida normal. Se Netuno não estiver muito mal aspectado, a mente inconsciente pode servir como base para guiar-se, permitindo acesso à Sabedoria Superior. Por outro lado, quem tem Netuno na 12ª casa pode mostrar fortes tendências escapistas, sonhando acordado ou fantasiando a realidade. Para a maioria das pessoas com este posicionamento, tempos de reclusão são necessários, a fim de se reencontrarem e limparem a “poeira psíquica” absorvida e acumulada pelo contato com os outros.

PLUTÃO

1ª casa. Para aqueles que têm Plutão na 1ª casa, o mundo inferior de pensamentos ocultos, sentimentos e motivações tem de ser avaliado. Os impulsos primitivos e instintivos da natureza terão de ser reconhecidos e aceitos antes de serem transformados. Ocasionalmente, sentimentos abafados podem irromper, inclinando-os a agir de modo extremo.

2ª casa. Com Plutão aqui, é necessário descobrir as motivações subjacentes que impulsionam sentimentos tão fortes e apaixonados sobre dinheiro e segurança. A par disso, pessoas com este posicionamento tendem a ter certas habilidades capazes de influenciar e modificar de alguma maneira o mundo. Elas têm uma percepção anormal para as coisas materiais. Seus lucros e recursos podem ser obtidos através de profissões associadas a Plutão, tais como pesquisas, psicologia, parapsicologia, medicina etc.

3ª casa. Este posicionamento costuma propiciar uma mente profunda, penetrante e incisiva, capaz de atravessar como um raio laser qualquer matéria. Pode haver interesse em percepção extrassensorial ou desejo de falar livremente sobre temas que outros consideram tabus. Ocasionalmente dão à luz ideias capazes de ter um efeito transformador sobre a sociedade. No entanto, a força de Plutão pode ser usada para saber onde fica a fraqueza dos outros.

4ª casa. Os que têm Plutão na 4ª casa podem tentar abafar totalmente seus mais profundos sentimentos, exercendo um rígido controle sobre si mesmos. Porém, mais do que em qualquer outro posicionamento, essas pessoas precisam se atirar nas profundezas do inconsciente pessoal, trazendo para a luz complexos escondidos para que possam ser examinados, trabalhados e adequadamente transmutados. Esses complexos, provavelmente, provêm de existências passadas envolvendo os familiares da presente encarnação.

5ª casa. Todo mundo tem necessidade de se sentir importante em alguma área da vida, mas, com Plutão na 5ª casa, isso pode tornar-se uma obsessão. Orgulho em excesso ou uma opinião autoinflada tendem a causar muitos problemas. Também um ego fraco demais pode causar dificuldades. Em qualquer dos casos, estas pessoas podem recorrer a gestos extremos para provar a própria força. Alguns com este posicionamento são capazes de dar expressão a obras criativas de grande poder, capazes de transformar e despertar os outros.

6ª casa. Os que têm Plutão na 6ª casa têm a capacidade de trabalhar de maneira dedicada, colocando sua vontade no trabalho que estão realizando. No entanto, podem tornar essa necessidade de serem responsáveis, práticos e produtivos uma obsessão. Seu trabalho precisa ser profundamente atraente, caso contrário perdem o interesse e possivelmente criam situações que os forçam deixar o emprego. Alguns podem ficar doentes para se livrar de trabalhos que abominam. Exemplos de profissões no campo plutoniano: agente secreto, psicólogo etc.

7ª casa. É aconselhável, para quem tem este posicionamento, entender os relacionamentos como catalisadores ou agentes de transformação pessoal, de crescimento e de mudança. O relacionamento vai mergulhá-los em profundos complexos emocionais que ficaram retidos no inconsciente, fazendo com que venham à tona e possam ser trabalhados.

Plutão pode requerer a completa falência e eliminação de um relacionamento para permitir continuidade da individuação de cada parte. Por outro lado, Plutão também sugere que um relacionamento pode resistir a um sem-número de minimortes e renascimentos, tornando-se cada vez mais forte e durando muitos anos.

8ª casa. Por pressões sociais, criamos mecanismos de defesa para restringir os impulsos do sexo e da agressividade. O desafio de quem tem Plutão na 8ª casa é explorar e aceitar essas forças e encontrar maneira de canalizá-las para um propósito construtivo. A vontade de quebrar as fronteiras limitantes, de quebrar o *self* a fim de dissolver-se em não ser, pode ser forte. Alguns podem pesquisar intensamente a vida após a morte, a reencarnação e tudo o que se relaciona com conceitos metafísicos. O aparelho sensorial dessas pessoas é algo como o dos animais, que sabem de antemão quando um terremoto vai acontecer. Podem manipular os outros através de forças sutis.

9ª casa. Quem tem Plutão na 9ª casa precisa encontrar respostas, descobrir leis e modelos básicos irrefutáveis que governam a vida. Na busca da verdade, procuram grandes alturas; mas o que estão mesmo procurando é o chão debaixo de seus pés. Porém, suas filosofias podem estar sujeitas a algum tipo de purgatório ou ser derrubadas e reconstruídas. O colapso de um sistema de crença pode ser traumatizante, lançando-os em profunda depressão até que renasçam através de outra crença. Experiências que provocam profundas transformações podem ocorrer através de uma educação superior. Pessoas com Plutão na 9ª casa podem ser transformadas por viagens ou assimilando as tradições de outra cultura.

10ª casa. Quem tem Plutão na 10ª casa procura uma carreira profundamente engajante, significativa e excitante. Alguns podem ser responsáveis pela reforma de instituições sociais já existentes, mas que estão velhas e ultrapassadas. Alguns campos de atuação relacionados com Plutão são a medicina, a psicologia, a parapsicologia e o ocultismo, entre outros. Quando Plutão está mal aspectado, as pessoas com este posicionamento vão temer que o mundo seja um local perigoso que tentará destruí-las. Alguns tentam reagir a isso fugindo da sociedade; outros compensarão o pavor de serem devorados com uma necessidade obsessiva de poder e controle.

11ª casa. Algumas pessoas com este posicionamento têm muitos problemas e se sentem pouco à vontade em grupos. A energia destruidora de Plutão pode ser projetada no grupo e elas sentem que o grupo está tentando destruí-las. Profundos complexos emocionais são trazidos à tona através de situações grupais. A par disso, quem tem Plutão na 11ª casa pode ser levado a grupos interessados na reforma radical de estruturas e instituições existentes na sociedade.

12ª casa. Com Plutão na 12ª casa, há uma necessidade premente de trazer o que é oculto ou não revelado na psique para uma análise mais clara. A dificuldade dos que têm esse posicionamento, no entanto, é que eles não estão simplesmente lidando com seu inconsciente pessoal, mas com o inconsciente coletivo. Essas pessoas são mais sensíveis do que os outros ao que é sombrio, destrutível ou irresistível. Periódicos afastamentos podem ser necessários, a fim de ordenar complexos emocionais causados pelas interações sociais.

OS SIGNOS

Os signos determinam nossa personalidade? Não, é ao contrário.

Nascemos sob determinado signo porque temos um determinado tipo de personalidade.

Tendo como premissa básica que somos espíritos milenares, formatamos nossa personalidade através das vivências em várias encarnações. Somos hoje o somatório de nossas vidas passadas. Portanto, nascemos sob a influência de determinado signo que tem uma vibração semelhante à nossa, cuja energia vai nos auxiliar em nossa trajetória evolutiva.

Então: **não somos o que somos porque nascemos sob determinado signo. Nascemos sob determinado signo porque somos o que somos.**

CLASSIFICAÇÃO DOS SIGNOS POR ELEMENTOS

Fogo: Áries, Leão, Sagitário.
Terra: Touro, Virgem, Capricórnio.
Ar: Gêmeos, Libra, Aquário.
Água: Câncer, Escorpião, Peixes.

Essa divisão dos signos é bastante genérica, pois cada um tem o seu significado próprio. Mas pode-se dizer que para pessoas com muitos signos de fogo no Mapa a vida é um infinito mar de possibilidades. Tendem a viver num mundo de fantasia e, no geral, são impulsivas.

As pessoas que têm muitos signos de Terra no Mapa são, antes de tudo, realistas. Têm os pés bem fincados no chão.

As pessoas que têm muitos signos de água no Mapa tendem a ser muito sensíveis. A conexão com a realidade objetiva pode não ser das melhores.

As pessoas que têm muitos signos de ar no Mapa tendem a ter uma mente lógica mais desenvolvida. As coisas não precisam ser paupáveis, mas têm que ter uma explicação.

O SIGNO SOLAR

O signo que todos conhecemos é o solar, pois nos é dado pelo dia do nascimento. Ele é definido pela posição do Sol em relação às constelações no céu no momento do nosso nascimento. Quando falamos que uma pessoa é geminiana, aquariana, leonina etc., etamos nos referindo ao signo solar. O Sol representa o eu mais profundo; sendo assim, o seu signo é o mais importante.

Ao analisarmos os signos, sempre é bom deixar claro que estamos aqui lidando com a teoria e que ela é genérica. Há muitas variáveis que interferem nessa teoria. A principal é a nossa evolução espiritual. Tendo os signos o seu lado positivo e negativo e como nós terráqueos ainda temos um desenvolvimento espiritual muito mediano, é natural que tenhamos o lado luz e o lado sombra dos signos concomitantemente. Sendo assim, não existe um signo mais evoluído que outro. Eles apenas têm características diferentes que vão retratar personalidades diferentes.

Feitas essas considerações, passarei a analisar os nossos signos solares.

POSIÇÃO DO SOL POR SIGNO

Sol em Áries: irradia uma vitalidade vigorosa e confiante. Tenta satisfazer a necessidade de reconhecimento por meio da autoafirmação. A vigorosa afirmação da individualidade é necessária para uma plena autoexpressão. Vê a si mesmo como um explorador, um pioneiro, o primeiro a dar início a uma aventura; capta rapidamente o essencial. Pode antagonizar os outros pela expressão demasiado pujante da individualidade.

Sol em Touro: a vitalidade tem raízes em sensações físicas concretas. Precisa ser reconhecido pela sua confiabilidade e pela capacidade de produzir. A expressão criativa resulta em objetos palpáveis ou na acumulação de recursos. Orgulha-se de suas posses, de seu patrimônio e da própria estabilidade. A expressão da individualidade pode ser prejudicada pela hesitação e pela relutância em mudar.

Sol em Gêmeos: a energia criativa volta-se para a percepção, a coleta de fatos, a formulação de perguntas e a descoberta de conexão entre as ideias. Precisa expressar-se verbalmente e ser reconhecido pela capacidade intelectual. Irradia uma energia instável, loquaz, mental. A livre conexão entre ideias e uma ampla variedade de contatos sociais são necessárias para a plena autoexpressão. Dificuldade em empenhar-se continuamente numa só área, devido à ampla diversidade de interesses.

Sol em Câncer: sente força por meio do desenvolvimento dos outros, da sensibilidade, do cuidado com os outros. Sente uma necessidade instintiva de proteger o seu ego; constrói em seu íntimo um ninho de onde o seu eu pode irradiar-se com segurança. O grau de vitalidade e de energia criativa depende do estado de espírito. Expressa-se criativamente por meio das emoções e sente necessidade de ser reconhecido pela sua sensibilidade. O senso de individualidade se expressa com mais desembaraço num ambiente bem conhecido.

Sol em Leão: a energia criativa é matizada pelo senso de dramatização e grandeza. É motivado pela necessidade de ter sua generosidade reconhecida. Transmite confiança e incentiva os outros; é capaz de infundir vitalidade a qualquer empreendimento. O orgulho é a característica predominante da personalidade; sincero, porém infantil, suas emoções estão sempre atuantes. Tem necessidade constante de ser notado.

Sol em Virgem: direciona a energia criativa analiticamente e com discriminação. É motivado pela necessidade de ser útil, de prestar serviços de alguma forma palpáveis. Irradia inteligência e vitalidade serena. Sintonia profunda com os valores essenciais, o serviço e a necessidade constante de aprimorar-se. O senso de individualidade humilde e despretensioso pode prejudicar o reconhecimento público.

Sol em Libra: a energia criativa é voltada para as relações interpessoais e o pioneirismo no nível das ideias. Necessidade de ser reconhecido pela imparcialidade, pela equanimidade, pela gentileza e pela capacidade de harmonizar energias opostas. Irradia uma vitalidade sociável, elegante, intelectual e uma aguçada sensibilidade à beleza. Impulso constante no sentido de instaurar o equilíbrio em seus relacionamentos e em seu estilo de vida. O senso de individualidade pode ser eliminado, devido ao desejo excessivo de agradar aos outros.

Sol em Escorpião: a energia criativa vai além da superfície da experiência através de intenso poder emocional e intuição. Necessidade de expressar a própria energia transformadora, muitas vezes tentando mudar o *status quo*. Desejo ardente de intensidade, envolvendo o âmago da experiência humana, o que muitas vezes procura em relacionamentos profundos e simbióticos (em geral extremamente sexualizados). O grau de vitalidade está ligado a desejos compulsivos íntimos e constantes – às vezes obsessivos. O fluxo de expressão criativa pode ser sustado, devido a fixações emocionais, relutância em se abrir e medo de perder o controle.

Sol em Sagitário: a energia é voltada para os próprios ideais e aspirações: além de expressá-los, muitas vezes promove-os junto aos outros. O senso de individualidade é matizado pelas crenças maiores e pela perspectiva filosófica otimista. Valoriza essencialmente a liberdade física e mental quase sem fronteiras. Irradia um espírito amigável, investigador, aberto – tem grande abertura mental e valoriza a honestidade . Necessidade de ser reconhecido pela natureza ética e íntegra; às vezes seus altos padrões podem levar à intolerância e à insensibilidade em relação aos outros.

Sol em Capricórnio: a energia criativa é matizada por autocontrole, cautela e tradicionalismo.Valoriza essencialmente o trabalho diligente, a autoridade e a realização. Precisa trabalhar com um único propósito e com disciplina, buscando metas bem definidas, a fim de expressar-se plenamente. Sua capacidade de assumir responsabilidades afeta o grau de vitalidade e desenvolve seu senso de individualidade. O fluxo de expressão criativa pode ser paralisado pelo pessimismo, por uma atitude cínica ou por uma preocupação excessiva com a respeitabilidade e as aparências.

Sol em Aquário: a energia volta-se para o bem-estar da sociedade e para os conceitos teóricos, principalmente através da inovação. Irradia uma energia mental amigável, voltada para as pessoas, muitas vezes com um toque de extremismo. O impulso de ser e criar é matizado pela liberdade, pela excentricidade e pela experimentação. Valoriza essencialmente a humanidade e o mundo do intelecto, tendo necessidade de descobrir o que é "certo" ou "verdadeiro." A expressão da individualidade pode ser inibida pela modéstia, pelo excesso de importância atribuída ao dever ou pela rebeldia sem causa.

Sol em Peixes: a energia criativa se expressa com sensibilidade e inspiração. Necessidade de ser reconhecido pela natureza dadivosa e compassiva. O senso de individualidade não tem um foco claro, devido à empatia com a vida e os problemas dos outros. A vitalidade e a autoexpressão são matizadas por anseios profundos, por uma vulnerabilidade esmagadora e pelo estado da vida interior.

OS SIGNOS DOS PLANETAS PESSOAIS

No capítulo sobre os planetas, vimos que eles estão classificados em pessoais, sociais e geracionais. É importante saber que o signo dos planetas pessoais, Lua, Vênus, Mercúrio e Marte, também diz muito sobre nós. Por isso que um aquariano pode ser tão diferente de outro aquariano; um ariano pode ser tão diferente de outro ariano; e assim por diante...

A esse "mix" pode-se acrescentar o ascendente. Esses cinco signos podem, de alguma forma, modificar a leitura do signo solar. Nesse contexto, o signo ascendente é o mais importante, pois ele, ao representar a nossa personalidade, muitas vezes se torna mais visível que o próprio signo solar.

POSIÇÃO DA LUA POR SIGNO

A Lua representa a nossa reação emocional aos fatos.

Lua em Áries: reage agressivamente, impacientemente, energicamente, diretamente, competitivamente. Precisa autoafirmar-se, a fim de se sentir emocionalmente seguro e pessoalmente adequado. Senso do eu confiante, voltado para a ação e dirigido para experiências novas. Responde à experiência e ao ambiente liberando energia voltada para um único objetivo. As qualidades combativas podem prejudicar a conquista da segurança.

Lua em Touro: reage vagarosamente a qualquer experiência; mantém a estabilidade e a compostura diante das solicitações externas. O contentamento interior vem através da espera, da quietude, da relação com o mundo da natureza. Abre-se aos sentidos físicos, retendo emocionalmente a sensação de tocar e saborear os prazeres do momento. O eu interior demora a mudar; conserva padrões de hábitos por um longo tempo, o que pode resultar em teimosia ou preguiça. Seguro em situações inalteráveis e previsíveis e à vontade com todos os estímulos sensuais. Ênfase na possessividade e na profunda necessidade de segurança.

Lua em Gêmeos: reage rapidamente, observadoramente, instavelmente, com curiosidade interminável. Sente-se seguro ao reagir a uma diversidade de estímulos mentais e ao envolver-se com mais de uma atividade ao mesmo tempo. Adapta-se às mudanças usando a mente e fazendo conexões. Fala sobre a sua vida interior emocional: precisa verbalizar as emoções para sentir-se ligado a elas. O senso de segurança pode ser impedido pela dispersão.

Lua em Câncer: reage com sensibilidade (às vezes exagerada) e protecionismo (em relação a si mesmo e aos outros). Sente-se seguro quando recebe e dispensa cuidados. Tem senso de oportunidade inato e capacidade de entrar em sintonia com intuições e sutilezas emocionais. Extremamente sensível ao estado de espírito e às reações dos outros.

Lua em Leão: reage calorosamente, generosamente, entusiasticamente. A sensação de segurança emocional vem do orgulho e da confiança em si. Põe muita energia criativa no meio ambiente e pode dar apoio e incentivo aos outros. Adapta-se à vida dramatizando, criando situações novas, fazendo humor para divertir os outros. Confiante, criativo, a autoimagem está latente em todos os seus atos, muitas vezes com simplicidade infantil. A constante irradiação de sentimentos de orgulho e expansividade pode interferir na receptividade dos outros.

Lua em Virgem: reage pela adaptação prática a todos os estímulos. Responde analiticamente a todas as experiências. Precisa de ordem no meio ambiente para sentir-se à vontade. Trabalha as reações emocionais a fim de aperfeiçoar sua expressão. Gosta de auxiliar os outros visando sua autoimagem.

Lua em Libra: reage objetivamente ao meio ambiente e a todas as experiências, com um senso de equidade altamente desenvolvido. Pensa antes de reagir; pesa todos os lados de uma situação, o que pode contribuir para a indecisão. A busca de equilíbrio e harmonização das polaridades é necessária para a tranquilidade emocional; é ansioso por agradar e saber o ponto de vista dos outros. Sente-se seguro quando está envolvido em relacionamentos íntimos; sozinho, não se sente à vontade por muito tempo. A ênfase dada à elegância da conduta pode inibir a espontaneidade das reações emocionais e a verdadeira intimidade.

Lua em Escorpião: reage intensamente, apaixonadamente, com uma pujança emocional sob controle. A autoimagem é afetada por emoções complexas e turbulentas; às vezes a confiança é minada por emoções negativas ou sustentada por um ardente senso de propósito. A profundidade de sentimentos e o sigilo contribuem para a imagem enigmática e carismática da pessoa. A necessidade de ir ao fundo das experiências leva à compreensão dos motivos alheios.

Lua em Sagitário: reage com entusiasmo e idealismo, baseando-se em crenças e filosofias. O contentamento interior vem quando tem ideais a atingir e difundir, quando está avançando em direção às suas metas futuras. Predisposição subconsciente para questionar, buscar sentido – atitude inata para com a vida caracterizada por amplitude de visão, tolerância e animação. Sente-se à vontade quando está explorando, viajando, ao ar livre; adora a sensação de liberdade. A tendência para crenças emocionais pode levar à credulidade, à arrogância, ao fanatismo ou ao moralismo presunçoso.

Lua em Capricórnio: reage com autocontrole e determinação; às vezes reage automaticamente com forte negativismo. Precisa administrar o mundo e os outros a fim de se sentir seguro, à vontade, e atingir suas metas; pode deixar de lado os interesses pessoais para cumprir seu dever. Resposta controlada às experiências; protege cautelosamente uma energia autoritária e determinada. Sente-se à vontade no papel de provedor, protetor; costuma assumir o controle das situações. Sua necessidade emocional predominante, estar no comando ou ser uma autoridade, pode limitar sua capacidade para a intimidade e o cuidado emocional.

Lua em Aquário: reage imprevisivelmente, excentricamente, com uma objetividade desapegada. Sente-se seguro quando desfruta de completa liberdade de pensamento, autoexpressão e inovação. Responde individualisticamente, com base num senso do eu visto como único, altruísta e com consciência social. Precisa de interação social para se sentir emocionalmente centrado e adequado. Cuida dos outros incentivando sua liberdade e sente-se amparado quando, em troca, recebe autonomia total. A necessidade de ter independência emocional pode provocar o distanciamento dos verdadeiros sentimentos da pessoa e o alheamento em relação à sensibilidade dos outros.

Lua em Peixes: reage sensivelmente, compassivamente, empaticamente, evasivamente, veneravelmente, idealisticamente.

Tem períodos de devaneio, com imaginação solta e sem um ponto de convergência, que ajudam a trazer tranquilidade emocional. Precisa da sensação de união com o mundo para se sentir seguro e adequado. Cuida dos outros pela compaixão que cura e pela solidariedade; sente-se seguro ao servir à humanidade ou a um ideal espiritual. Os sentimentos sobre si mesmo são nebulosos, o que pode inibir a autocompreensão e a confiança.

POSIÇÃO DE VÊNUS POR SIGNO

Como o indivíduo exprime o afeto, sente-se apreciado e se doa.

Vênus em Áries: exprime o afeto diretamente, impulsivamente, entusiasticamente. Os gostos e prazeres de cunho emocional florescem quando a energia se volta para experiências novas; gosta particularmente dos estágios iniciais dos relacionamentos. A necessidade de ligação com o outro pode ser frustrada devido ao alto grau de autoafirmação e exigências; dessa forma, às vezes é difícil chegar à intimidade. Valoriza a individualidade, a iniciativa e a independência, em si e nos outros. Doa-se energicamente e responde à vigorosa liberação de energia dos outros.

Vênus em Touro: exprime o afeto fisicamente, calorosamente, estavelmente, possessivamente. Doa seus próprios recursos interiores; responde à energia sensual que é profundamente centrada nos outros. A necessidade de dar seu afeto pode ser tolhida pela avareza emocional, pela possessividade ou pela relutância em liberar seus sentimentos ou perder o controle. Aprecia intensamente as sensações físicas: visão, som, aroma, paladar, tato; gosta do contato com a natureza. Valoriza o conforto e o controle material, o luxo e os objetos bonitos.

Vênus em Gêmeos: exprime o afeto verbalmente, inteligentemente, despreocupadamente, jocosamente. Precisa falar imediatamente sobre o que pensa e percebe, a fim de sentir-se próximo ao outro. Os gostos de cunho emocional estão sempre mudando conscientemente; dá muito valor à diversidade e à comunicação mental. O impulso do prazer é matizado pela curiosidade instável, pela loquacidade e pela amabilidade; sente atração pela inteligência e pela presença de espírito. A necessidade de variar e ter sempre estímulos novos pode inibir as oportunidades de ter relacionamentos duradouros e profundidade interpessoal que vá além da superfície.

Vênus em Câncer: exprime o afeto sensivelmente, confortantemente, protetoramente, tenazmente. Precisa cuidar e ser cuidado, sentir-se parte de uma família, para ficar à vontade. O impulso do prazer e da intimidade pode ser prejudicado pela instabilidade de humor, pela timidez, pela avareza e por sentimentos excessivamente autoprotetores; tem facilidade em refletir os prazeres e estados de espírito dos outros. A receptividade e a dependência sempre fazem parte da sensação de intimidade.

Vênus em Leão: exprime o afeto calorosamente, dramaticamente, entusiasticamente. Os gostos de cunho emocional são influenciados pelo orgulho e pela necessidade de reconhecimento. Doa-se com vitalidade criativa. A sociabilidade e a expressão do amor são matizadas pela jocosidade, pela generosidade e pela lealdade. O intercâmbio de sentimentos mais profundos com o outro pode ser dificultado pela necessidade de ser o centro das atenções ou de dominar a vida emocional do outro.

Vênus em Virgem: exprime o afeto realisticamente, modestamente, solicitamente, timidamente. A necessidade de prestar serviços e ser útil gera satisfação emocional. Sente prazer com a atenção minuciosa a detalhes e com a atividade mental analítica. Precisa de lógica e praticidade para se sentir à vontade e em harmonia. O excesso de solicitude, as críticas banais ou a reserva natural podem interferir no intercâmbio emocional e na expressão da paixão.

Vênus em Libra: expressa o afeto alegremente, atenciosamente, charmosamente, harmoniosamente. A troca com os outros é matizada por equilíbrio, equanimidade e delicadeza. Os gostos de cunho emocional são afetados pela necessidade de harmonizar as polaridades e de valorizar a simetria e a beleza tradicional. Tem profunda necessidade de paz, tranquilidade e harmonia para se sentir à vontade e ter prazer; por isso, pode evitar os intercâmbios emocionais desagradáveis e, dessa forma, limitar o alcance da intimidade. Precisa criar relacionamentos baseados na igualdade de participação e cooperação para liberar suas emoções.

Vênus em Escorpião: exprime o afeto intensamente, apaixonadamente, obsessivamente; tem sentimentos radicais e monopolizantes. O impulso do prazer é matizado por desejos compulsivos, profundidade e emoções ardentes. A troca com os outros gera uma energia curativa e transformadora. As necessidades sociais e amorosas podem ser frustradas pela tendência ao segredo e pela relutância em confiar nos outros. Precisa ir fundo no relacionamento, com intensa força emocional, a fim de sentir-se ligado ao outro.

Vênus em Sagitário: expressa o afeto livremente, entusiasticamente, generosamente e idealisticamente. O impulso inquieto de seguir em frente e ter muitas aventuras pode interferir na formação de relacionamentos íntimos. A maneira de relacionar-se com os outros é fortemente matizada pelas crenças e metas; nos relacionamentos íntimos, sente necessidade de afinidade filosófica. Precisa sentir-se livre para andar sem destino e fazer exploração, a fim de ficar à vontade e em harmonia. Tem atitudes tolerantes e abertas em relação a amor e romance; valoriza a honestidade nos relacionamentos e pode, inconscientemente, passar por cima dos sentimentos dos outros.

Vênus em Capricórnio: expressa o afeto cautelosamente, seriamente, conscienciosamente e mecanicamente. A necessidade de prazer e amor pode ser inibida pela atitude medrosa e desconfiada, ou pela abordagem altiva e impessoal. Precisa ter certeza do compromisso do outro antes de liberar suas emoções mais profundas; é capaz de ser leal e de enfrentar o trabalho e as responsabilidades dos relacionamentos. O impulso social é matizado pela perseverança, pela ambição, pelo conservadorismo e pela preocupação com a reputação. A necessidade de autocontrole e discrição emocional pode prejudicar o desenvolvimento de relacionamentos íntimos.

Vênus em Aquário: expressa o afeto livremente, inconvencionalmente, experimentalmente; gosta de flertar. A atitude distante e impessoal pode interferir nos relacionamentos íntimos; os outros podem achá-lo uma pessoa fria e altiva. Gosta da troca de teorias, ideias e fantasias da imaginação (muitas vezes humorísticas) com a pessoa amada. O impulso amoroso e social é matizado pela liberdade individualista, pelo extremismo e pela rebeldia. Precisa de um convívio dinâmico com grande número de pessoas para poder liberar plenamente suas emoções.

Vênus em Peixes: expressa o afeto sensivelmente, delicadamente, compassivamente e solidariamente; é capaz de doar-se altruisticamente. Sente profunda necessidade de uma harmonia mágica e romântica; entretanto, os desejos podem ser vagos e indistintos, deixando a pessoa vulnerável. O impulso social e amoroso é matizado pelo idealismo romântico; a pessoa idealiza os seres amados e o próprio amor. O escapismo, a evasão e a confusão podem minar a capacidade de dar de si e receber dos outros; a falta de discriminação pode dificultar a formação de relacionamentos firmes. A sensação de ligação com o outro é influenciada por anseios profundos e pelo impulso de unir-se psiquicamente ao outro.

POSIÇÃO DE MERCÚRIO POR SIGNO

Como o indivíduo pensa e se comunica com o mundo exterior.

Mercúrio em Áries: comunica-se assertivamente, vigorosamente, diretamente, confiantemente. O impulso desassossegado para agir está latente na forma vigorosa de falar e no uso criativo das habilidades. O confronto e a liberação vigorosa de energia são necessários para o aprendizado; é capaz de captar intuitivamente o essencial. A capacidade de raciocínio é matizada pela liberação intencional de energia voltada para as experiências novas. Portanto, frequentemente dá preferência aos pensamentos audaciosamente novos. O estabelecimento de uma verdadeira relação de troca com os outros pode ser prejudicado pela autoafirmação insensível e desatenciosa.

Mercúrio em Touro: comunica-se com cuidado, certificando-se de cada palavra antes de dizê-la; expressa lentamente seus pensamentos. A necessidade de aprender devagar e propositadamente pode limitar a variedade das percepções. Mente retentiva e estável, baseada na consolidação das ideias; traz as ideias para a realidade em busca de uma aplicação prática. Impulso para expressar as próprias percepções das sensações físicas; saboreia concretamente as palavras enquanto fala. A necessidade de fazer contato com os outros fica restrita devido à relutância em abrir-se sem reservas e espontaneamente.

Mercúrio em Gêmeos: comunica-se fluentemente, rapidamente, habilmente, inteligentemente – às vezes superficialmente. Impulso para expressar imediatamente suas percepções. Precisa aprender estabelecendo e identificando conexões entre pessoas e ideias. A mente, instável e curiosa, se expressa por meio de interações amigáveis com os outros e perguntas intermináveis. O alto grau de energia nervosa manifesta-se na fala, na escrita e em outras formas de destreza manual/mental.

Mercúrio em Câncer: comunica-se emocionalmente, instintivamente, sensivelmente; protege os próprios pensamentos. Aprende pela absorção, contando com os sentimentos para estabelecer conexões entre dados. Cultiva as ideias novas até elas florescerem como habilidades criativas. A boa memória e a capacidade de retenção contribuem para o aprendizado. Preconceitos e medos subconscientes podem interferir na objetividade e na atenção dadas a novas ideias.

Mercúrio em Leão: comunica-se energeticamente, radiantemente, orgulhosamente. Cordialidade, afeto e vontade forte motivam a necessidade de fazer contatos. A comunicação é matizada pelo senso teatral, pelo humor e pelo pendor criativo. O orgulho e o impulso pelo reconhecimento dão brilho à expressão das percepções. Precisa de um envolvimento criativo para aprender; dá saltos intuitivos em vez de fazer associações lógicas. O envolvimento do ego com o processo de raciocínio pode prejudicar a objetividade e diminuir a flexibilidade e a retenção de fatos

Mercúrio em Virgem: comunica-se logicamente, criticamente, prestimosamente, humildemente – às vezes negativamente e ceticamente. Impulso para expressar as próprias percepções com realismo, demonstrando sua capacidade analítica. Necessidade de discriminar as ideias e colocá-las em sequência. Suas ideias práticas e proveitosas contribuem para a capacidade de entrar em contato com os outros. A atenção exagerada aos detalhes pode prejudicar a percepção do ponto de vista mais amplo e de todas as suas interconexões.

Mercúrio em Libra: comunica-se inteligentemente, agradavelmente, diplomaticamente, elegantemente. Impulso para exprimir as próprias percepções harmoniosamente – de um modo equânime e objetivo – para equilibrar todas as polaridades. Precisa ser imparcial e ter tato, a fim de entrar em contato com os outros. A expressão verbal é matizada pelo senso artístico e estético. Procura o equilíbrio e a objetividade nas interações pessoais e precisa de *feedback* sobre suas ideias para esclarecê-las. A consciência de todos os pontos de vista pode prejudicar a capacidade de decidir.

Mercúrio em Escorpião: comunica-se poderosamente, profundamente, apaixonadamente (e muitas vezes não verbalmente!); é capaz de formar ligações íntimas e profundas por meio da comunicação. O impulso da expressão verbal vem das profundezas do ser e nunca é superficial. Profunda necessidade de aprender penetrando na realidade e esquadrinhando-a até o seu âmago; leva qualquer pesquisa até o fim e se interessa pela investigação. A compreensão objetiva pode ser prejudicada pela natureza da mente, demasiado intensa, voluntariosa e emocional. O uso das habilidades e da inteligência é influenciado por desejos ardentes, por paixões profundas e pelo impulso para descobrir as motivações secretas dos outros.

Mercúrio em Sagitário: comunica-se abertamente, honestamente, otimisticamente, entusiasticamente, tolerantemente. A necessidade de aprender expressa-se através de uma inquieta aspiração impulsionando para um ideal. O pensamento e o raciocínio norteiam-se por metas de longo prazo, e não por detalhes rotineiros. Interessa-se por ensinar aos outros o que aprendeu; vê uma estreita relação entre ensino e aprendizado. Necessidade de ligar-se aos outros sendo direto, verdadeiro e mentalmente tolerante. A coerência dos pensamentos pode ser turvada pelo excesso de generalizações motivadas pelas aspirações idealistas.

Mercúrio em Capricórnio: comunica-se seriamente, cautelosamente, com forte senso de autoridade; às vezes pensa usando categorias rígidas. A persistência, a ambição e o progresso constante suprem a necessidade de aprender. Impulso autocontrolado para expressar as percepções e a inteligência pela manipulação do mundo físico e pela obtenção de resultados práticos a partir das teorias. A discrição, a autossuficiência e a formalidade podem inibir a forma de comunicação com os outros. A razão e a capacidade de discriminação são postas a serviço de uma meta a atingir; a aguda percepção da realidade prática pode levar a dar mais destaque às limitações do que às possibilidades.

Mercúrio em Aquário: comunica-se abertamente, inteligentemente, idealisticamente, de forma distanciada. Necessidade de estabelecer ligações diferenciadas com os outros, relacionando-se individualmente com cada pessoa, ao mesmo tempo em que tem acentuada percepção dos processos de comunicação de grupo. O impulso para expressar as percepções e a inteligência é matizado pela liberdade individualista e muitas vezes pelo extremismo. Pensa de forma experimental e inovadora, testando as teorias com os outros; voltado para o futuro, gosta de explorar possibilidades de mudança. A independência, a inventividade e o desprendimento intelectual contribuem para o processo de aprendizado. A expressão de ideias pode ser errática, fragmentada por ligações imprevistas entre conceitos desconexos.

Mercúrio em Peixes: comunica-se sensivelmente, idealisticamente, poeticamente, evasivamente, imaginativamente.

A compaixão motiva a expressar as percepções e a inteligência com simpatia. Entra em contato psíquico e espiritual com os outros; percebe a comunicação em mais de um nível. A energia verbal é inspirada pela flexibilidade e pela capacidade de síntese. A razão e a capacidade de discriminação podem ser obscurecidas pela confusão, pelo devaneio e pela autoilusão.

POSIÇÃO DE MARTE POR SIGNO

Como o indivíduo se afirma em seu cotidiano; como expressa seus desejos.

Marte em Áries: afirma-se competitivamente, diretamente, impacientemente. Liberação de energia física com um único objetivo, voltado para experiências novas; frequentemente, aptidão para dar início a empreendimentos e/ou aptidão mecânica. Impulso voluntarioso para agir, voltado energicamente para a satisfação de seus desejos; enfrenta os obstáculos diretamente, porém a imprudência pode impedir o sucesso. Iniciativa, força de vontade e agitação caracterizam o método de agir, bem como a capacidade intuitiva de captar o essencial. O impulso sexual e a energia física têm uma expressão impulsiva, enérgica e confiante.

Marte em Touro: afirma-se firmemente, retentivamente, conservadoramente, teimosamente. Atos firmes voltados para a consolidação, a produtividade e o gozo dos prazeres simples; frequente tendência criativa e/ou artística. A iniciativa e o ímpeto são matizados por preocupações e possessividades; às vezes, por lentidão ou preguiça. A consecução dos desejos pode ser frustrada pelo contentamento e pela satisfação com as coisas tais quais são. A energia física e o impulso sexual são influenciados por um profundo apreço pelas sensações físicas e pelos ritmos naturais da vida.

Marte em Gêmeos: afirma-se flexivelmente, verbalmente, inteligentemente, comunicativamente, por meio de um grande número de habilidades especializadas. Os desejos prioritários mudam depressa e muitas vezes; frequentemente, não está certo do que quer e, assim, muda facilmente de rumo. A energia física e o impulso sexual são afetados por tudo o que estimula a mente – conversas, imagens ou ideias novas e intrigantes; tem a mente bastante aberta. A firmeza é influenciada por circunstâncias momentâneas e percepções imediatas. A ação e a iniciativa voltam-se para o estabelecimento de conexões, usando a mente para assimilar fatos novos.

Marte em Câncer: afirma-se sensivelmente, timidamente, indiretamente, simpaticamente. Tem necessidade de se sentir ligado às suas raízes e tradições para tornar claros seus desejos e entender seu rumo na vida. A iniciativa e a força de vontade podem ser dificultadas pelo desalento e pela autoproteção cautelosa, mas é capaz de agir destemidamente, em apoio às pessoas que ama. A energia física e sexual e a determinação são inibidas por sentimentos, temores e senso de vulnerabilidade inconsciente e estimuladas pela sensação de estar sendo cuidado e protegido. Vai no encalço de seus desejos com tenacidade e intuição; tem instinto de autopreservação e senso de oportunidade na busca de suas metas.

Marte em Leão: afirma-se dramaticamente, cordialmente, radiantemente, expressivamente, arrogantemente. A expressão dos desejos é fortemente matizada pelo orgulho e pela necessidade de ser reconhecido. A iniciativa e o ímpeto são expressos com confiança, criatividade e grande vitalidade. Precisa ser elogiado e valorizado pela capacidade sexual, física ou criativa; as energias física e sexual são estimuladas pela atenção e pela generosidade efusiva. Precisa expressar-se de modo impositivo e dinâmico para conseguir o que deseja; muitas vezes pressiona os outros e é muito dominador.

Marte em Virgem: afirma-se modestamente, solicitamente, analiticamente, conscienciosamente – às vezes faz críticas banais. A firmeza, a iniciativa e o modo de agir são matizados pelo perfeccionismo e pela apurada discriminação. Os atos enérgicos podem ser impedidos pela autocrítica e pela atenção exagerada aos detalhes. Tem uma necessidade subjacente de prestar serviços que influenciam a energia física e a força de vontade; é capaz de trabalhar com afinco, energia e inteligência prática. Precisa esforçar-se para ser perfeito, a fim de conseguir o que deseja.

Marte em Libra: afirma-se socialmente, charmosamente, relacionando-se diretamente com as pessoas.O desejo de harmonizar todas as polaridades respalda a vontade de agir. A energia física e a firmeza são fortemente afetadas pelos relacionamentos íntimos e pelas influências estéticas. A iniciativa e o ímpeto voltam-se, com tato e tática, para o equilíbrio e a justiça. O empenho para conseguir o que quer pode ser dificultado pela indecisão, enquanto a pessoa avalia as opções.

Marte em Escorpião: afirma-se intensamente, magneticamente, ardentemente, poderosamente. A energia física e a iniciativa são movidas por fortes desejos, compulsões e desafios; é capaz de demonstrar grande resistência. O impulso sexual é motivado pela necessidade de compartilhar uma profunda ligação emocional e de experimentar uma profunda intensidade. Precisa canalizar e transformar a força emocional para concretizar eficazmente seus desejos. A firmeza e a liberdade de expressão são dificultadas pelo sigilo e pela necessidade de se proteger.

Marte em Sagitário: afirma-se honestamente, idealisticamente, energicamente, impulsivamente; não tem tato. Seus desejos são moldados por suas crenças, ética e inspirações. A firmeza e os atos enérgicos são motivados pela aspiração a um ideal ou por uma visão norteadora do futuro. A excitação física e sexual é estimulada pelas atividades aventurosas. A iniciativa e o ímpeto são matizados por uma grande necessidade de se aprimorar e por uma inquieta necessidade de explorar.

Marte em Capricórnio: afirma-se cautelosamente, autoritariamente, ambiciosamente, com acentuada autodisciplina. A firmeza é acompanhada por planejamento cuidadoso, previsão e paciência. A energia física e o ímpeto se voltam para metas pessoais materiais e realizações a longo prazo. Vai no encalço do que deseja com firmeza e persistência, usando os canais convencionais. O impulso sexual é controlado, porém forte e sensual.

Marte em Aquário: afirma-se inteligentemente, individualmente, excentricamente, independentemente. A iniciativa e a força de vontade são matizadas pela necessidade de desfrutar de ampla liberdade de expressão. A realização das metas pode ser frustrada pela rebeldia, porém a vontade de reformar e revolucionar pode ser canalizada para inovações criativas. O distanciamento e a objetividade científica podem dificultar a expressão de desejos apaixonados. A energia física e o impulso sexual são estimulados pela sensação de liberdade, experimentação e excitação provocada por novas possibilidades e ideias.

Marte em Peixes: afirma-se idealisticamente, empaticamente, tendendo ao acordo, com base na gentileza. A iniciativa e a força de vontade são matizadas pela sensibilidade e pela compaixão pelos outros. A autoafirmação e a firmeza são obstruídas pelo forte senso de vulnerabilidade pessoal e emocional. A energia física e o impulso sexual são sempre afetados por sonhos, estados de espírito e emoções. Vai no encalço dos seus desejos de maneira sutil, tendo como principal motivação a inspiração ou a intuição.

A LUA NEGRA (LILITH)

A Lua Negra, ou Lilith, não é um planeta ou asteroide, mas apenas um ponto celeste que representa a maior distância da órbita da Lua em relação à Terra. A Lilith, na Antiguidade, era considerada uma deusa ou demônio, sendo idolatrada na Mesopotâmia e nos reinos da Babilônia. Mas foi sempre associada à rebeldia e ao submundo. Vem daí sua associação a esse ponto obscuro do universo.

A Lilith representa sentimentos ocultos que temos dificuldade de acessar. Simboliza um lado secreto e obscuro da nossa personalidade. Identifica uma porção profunda e desconhecida da alma como um lugar inexplorado na face escura do nosso satélite. Nesse ponto de pouca ou nenhuma luz, escondem-se sentimentos que precisam vir à tona para obtermos mais equilíbrio. Seja qual for a casa em que ela se encontre no Mapa, aí está uma área de sombra que precisa ser reconhecida e integrada à personalidade. É lá que estará a nossa maior dificuldade nesta encarnação. É onde costumamos puxar o nosso próprio tapete, pois o que está em nosso inconsciente em relação àquela área nos faz agir assim.

Identificar em qual casa se encontra a Lilith poderá ser uma grande ajuda, pois é na área que essa casa representa que precisamos entrar fundo em nós mesmos e estar mais atentos às nossas reações inconscientes. Por exemplo: a casa 1 é a casa do eu, da autoafirmação. Quem tem a Lilith nessa posição tem sérios problemas de autoestima; tem pouca crença em suas capacidades. E assim por diante.

Não acho necessário colocar aqui o significado da Lilith em cada casa, pois é só o leitor ir até o capítulo do significado das casas e identificar o seu ponto fraco.

O ASCENDENTE

O signo ascendente é determinado pelo signo do zodíaco que estava no horizonte leste no exato momento do nosso nascimento. Ele é representado no Mapa Astral pela cúspide (entrada) da casa 1. Para calcular o ascendente é necessário saber a hora exata do nascimento.

O ascendente simboliza a nossa personalidade. Como os outros nos veem e também a nossa autoimagem. Muitas vezes o ascendente aparece mais do que o signo solar. Conheço uma pessoa com o signo solar Sagitário e o ascendente em Capricórnio, o qual predomina totalmente. Não dá para perceber que ela é uma sagitariana. Porém, o nosso signo ascendente fica mais evidente nos primeiros anos de vida. À medida que amadurecemos, o signo solar tende a predominar.

DIRETRIZES PARA INTERPRETAR O ASCENDENTE

Ascendente em Áries: as pessoas com ascendente em Áries são normalmente abruptas, agitadas, impacientes e muitas vezes agressivas. Estão sempre prontas para a guerra. Não suportam ser contrariadas. Sua reação a ofensas, reais ou imaginárias, é sempre imediata.

Ascendente em Touro: pessoas com ascendente em Touro têm movimentos metódicos, controlados, medidos. Têm aversão profunda a serem apressadas, forte tendência estética e motivação pelo prazer. Podem ser preguiçosas ou amplamente produtivas, mas insistem em fazer tudo ao seu ritmo.

Ascendente em Gêmeos: é o mais inquisitivo e amigável dos signos em elevação, mas também o mais propenso a se preocupar consigo o tempo todo. Em geral muito inteligente e curioso, sente enorme necessidade de se comunicar verbalmente. A tendência de um dos lados da mente não saber o que o outro lado diz pode dar uma impressão de superficialidade.

Ascendente em Câncer: a pessoa com Câncer em elevação geralmente é muito introvertida. Tem conduta simpática e suave. É tão sensível e solidária com os outros quanto consigo mesma. Porém, é frequente uma exagerada suscetibilidade com as ofensas alheias.

Ascendente em Leão: o ascendente em Leão frequentemente parece motivar as pessoas a se empenhar para mostrar o seu melhor lado. Pode ter um lado extremamente altivo, devido à desmedida necessidade de ser respeitado e ostentar majestade. Parece que o ascendente em Leão estimula uma expressão particularmente autêntica da energia do Sol na pessoa.

Ascendente em Virgem: as pessoas com ascendente em Virgem, por seu aguçado espírito crítico, sempre acham que precisam aprender mais e ir mais longe para se aperfeiçoarem. Esse espírito crítico pode, também, se voltar contra os outros.

Podem parecer altivas, sérias ou retraídas, mas essa aparência pode ocultar uma natureza muito mais impetuosa.

Ascendente em Libra: embora o ascendente em Libra tenda para um autocentrismo um tanto narcisista, pode ser também sinceramente social e cativante. A necessidade do "outro" é vital para o ascendente em Libra. Quando está sem um par, pode perder o senso de direção, demonstrando falta de iniciativa e energia física.

Ascendente em Escorpião: sempre conhecidas pela intensidade, as pessoas com Escorpião em elevação muitas vezes se envolvem com as artes da cura, a investigação das motivações dos outros por meio da psicoterapia ou a investigação do desconhecido ou esotérico. Escorpião é um signo de extremismo emocional, levando as pessoas com esse signo em elevação a uma postura defensiva. Essas pessoas têm muito medo de perder o controle de si mesmas.

Ascendente em Sagitário: otimismo, exuberância, entusiasmo e abertura mental estão invariavelmente presentes em quem tem ascendente em Sagitário. Todas as pessoas que conheci com esse aspecto poderiam ser descritas como permanentemente "pra cima", mesmo enfrentando decepções e obstáculos. Sagitário em elevação parece tender mais para ação definida, em conformidade com um ideal, enquanto o Sol em Sagitário às vezes limita-se unicamente à atividade mental. Muitas vezes tendem a exagerar na sua forma de expressão.

Ascendente em Capricórnio: capricórnio em elevação expressa-se, muitas vezes, com extrema negatividade e ceticismo. Capricórnio simplesmente não gosta de perder tempo com ideias não provadas. É extremamente preocupado com a forma exterior, as aparências e a reputação. O ascendente em Capricórnio parece satisfazer-se apenas com a segurança.

Ascendente em Aquário: um traço de inconvencionalismo e rebeldia impregna a personalidade das pessoas com ascendente em Aquário. São, em geral, amantes vitalícios do novo, do imaginativo e do revolucionário, mesmo que às vezes não o digam abertamente. Muitas vezes demonstram um frio distanciamento que frustra e choca pessoas mais sensíveis.

Ascendente em Peixes: as pessoas com ascendente em Peixes são quase uniformemente sensíveis, compassivas, emocionais, imaginativas, sensíveis e solícitas. Além de serem capazes de sentir empatia por pessoas em dificuldades e de ajudá-las, também se mostram filosóficas e surpreendentemente impassíveis diante de seus próprios infortúnios.

NODOS LUNARES

Os Nodos Lunares não são planetas, estrelas ou asteroides, mas pontos virtuais que representam os dois pontos de encontro entre a órbita da Terra ao redor do Sol e a órbita da Lua. Na ilustração a seguir, a linha pontilhada mostra o caminho que a Lua percorre, enquanto a linha cheia mostra o caminho do Sol. Essas órbitas, apesar de não serem idênticas, se cruzam em alguns pontos e a esses pontos chamamos de Nódulos Lunares ou, para os orientais, Cabeça do Dragão e Cauda do Dragão.

É simples o processo de cálculo das posições nodais. Todas as efemérides listam suas posições diárias, podendo ser ajustadas da mesma forma que sintonizamos as posições planetárias para a hora correta do nascimento.

Os Nodos são simbolizados da seguinte forma: Nodo Norte e Nodo Sul. Esses Nodos aparecem no Mapa em casas e signos opostos. O Nodo Norte mostra, através do signo e da casa que ocupa, onde deve haver crescimento. Ele incentiva experiências novas que, nem sempre cômodas ou fáceis, trazem crescimento e compreensão. O Nodo Sul, ao contrário, representa o que nos é fácil e natural. Isso acontece porque esse Nodo está ligado a vidas passadas em que nos "viciamos" em determinados comportamentos que não são os mais recomendáveis e adequados para o nosso crescimento espiritual. Ele pode representar uma "saída fácil", que impede o crescimento e estimula a dependência a velhos hábitos. Isso não significa que devamos abandonar totalmente as nossas características representadas pelo Nodo Sul, mas encontrar um equilíbrio entre os Nodos.

Alguns astrólogos não levam em consideração esses Nodos, especialmente os que não são espiritualistas, pois isso implicaria a crença em reencarnação. Justamente por essa razão que considero os Nodos o centro do Mapa. É exatamente o eixo Nodo Norte e Nodo Sul que nos mostra problemas de personalidade que devemos corrigir e o caminho que seria recomendável percorrer para chegarmos a esse intento.

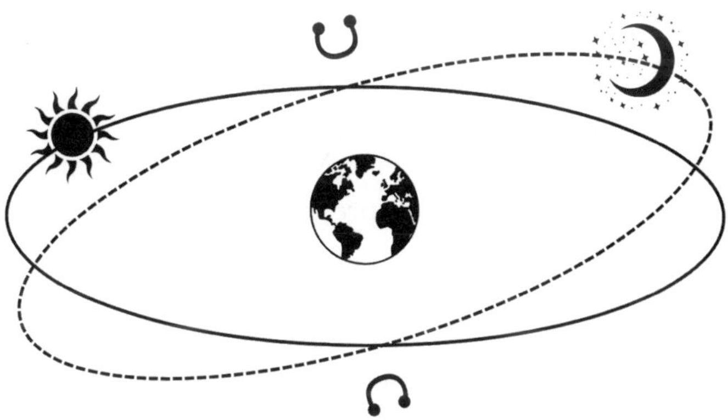

A seguir, vamos analisar o significado dos Nodos Lunares nos signos, observando que, quando o Nodo Norte está num signo, automaticamente o Nodo Sul estará no signo oposto.

Nodo Norte em Áries; Nodo Sul em Libra: a pessoa com este posicionamento precisa aprender a agir por conta própria. Não acredita muito na própria força; submete-se demasiadamente aos outros, arriscando a própria individualidade.

Nodo Norte em Touro; Nodo Sul em Escorpião: a pessoa com este posicionamento precisa aprender a importância do dinheiro e dos bens materiais. Precisa ter uma conexão maior com assuntos terrenos.

Nodo Norte em Gêmeos; Nodo Sul em Sagitário: precisa partilhar sua consciência com os outros. Deve desenvolver as habilidades latentes de comunicação.

Nodo Norte em Câncer; Nodo Sul em Capricórnio: tende a empenhar-se na edificação da imagem pública em detrimento das necessidades interiores. Deve aprender a olhar as necessidades emocionais como chave para o aumento da autoestima.

Nodo Norte em Leão; Nodo Sul em Aquário: precisa aprender a olhar com mais afeto para quem está ao lado em vez de se entregar a grandes utopias. Menos intelecto e mais emoção. Mais confiança na autoexpressão criativa.

Nodo Norte em Virgem; Nodo Sul em Peixes: tendência a ajudar os outros enquanto sua própria vida se desintegra. Tendências escapistas. Deve assumir o comando dos sentimentos ao invés de ser comandado por eles.

Nodo Norte em Libra; Nodo Sul em Áries: precisa aprender a cooperar e a se relacionar melhor com os outros. Tende a sentir-se desconfortável em encontros sociais. Precisa ser mais flexível e menos dogmático.

Nodo Norte em Escorpião; Nodo Sul em Touro: precisa apurar o discernimento e a visão mais intimista da vida em vez de ficar focado nas coisas materiais.

Nodo Norte em Sagitário; Nodo Sul em Gêmeos: deve livrar-se de amarras e rotinas sufocantes e interessar-se por algo maior que seu ambiente próximo. Deve procurar expandir a mente.

Nodo Norte em Capricórnio; Nodo Sul em Câncer: deve orientar-se para uma carreira que traga a independência material e emocional.

Nodo Norte em Aquário; Nodo Sul em Leão: excesso de preocupação consigo próprio; deve orientar sua imaginação em benefício de atividades de grupo e desenvolver o desapego.

Nodo Norte em Peixes; Nodo Sul em Virgem: não se sente como um ser humano, mas como uma máquina bem lubrificada. Precisa aprender a conformar-se com o que não é perfeito. Deve temperar suas tendências analíticas com certa condescendência por si e pelos outros.

NODOS LUNARES NAS CASAS

Os Nodos Lunares nas casas seguem o mesmo processo dos Nodos nos signos. O Nodo Norte estando em uma casa, automaticamente o Nodo Sul estará na casa oposta.

Nodo Lunar Norte na casa 1; Nodo Lunar Sul na 7: estas pessoas deveriam aprender a ficar de pé sobre seus próprios pés, tomando decisões e fazendo escolhas baseadas naquilo que necessitam ou querem para si mesmas. Elas têm de honrar quem são. A linha de menor resistência faz com que outros as dominem e elas se ajustem demais, tentando ser o que os outros precisam ou querem que sejam.

Nodo Lunar Sul na casa 1; Nodo Lunar Norte na 7: estas pessoas têm a tendência de viver demais para si mesmas. Precisam aprender mais sobre cooperação e compromisso, adaptando-se mais facilmente ao que os outros necessitam e requerem, especialmente em relacionamentos íntimos e no casamento.

Nodo Lunar Norte na casa 2; Nodo Lunar Sul na 8: tais pessoas deveriam desenvolver seus próprios recursos e valores em vez de confiar nos recursos e valores alheios. Há a necessidade de ganhar dinheiro por seus próprios meios, mesmo que possam viver sem problemas com o que ganham de outros. Desta forma, desenvolvem um sentido mais verdadeiro de seu próprio valor. Há uma necessidade de entender a si mesmas e de aceitar o mundo da forma e da matéria.

Nodo Lunar Sul na casa 2; Nodo Lunar Norte na 8: nesta situação, as pessoas podem ter sistemas de valores muito rígidos, que precisam ser alterados levando em consideração os pontos de vista e as crenças de outras pessoas. Alguns podem achar que permitir que outros os ajudem ou mantenham seja um sinal de fraqueza e que a autossuficiência em tudo é a prioridade. Deveriam tentar ajudar os outros a desenvolver um maior sentido de valor próprio. Podem ter de aprender que dores e crises, antes de serem coisas a evitar a qualquer custo, muitas vezes trazem oportunidades para crescimento e mudanças positivas.

Nodo Lunar Norte na casa 3; Nodo Lunar Sul na 9: existe a necessidade de desenvolver a capacidade de pensar de modo racional e lógico em vez de ser dirigido demais pela fé cega. Sua visão intuitiva pode ser boa; o problema é integrá-la à vida de todo dia. Vale a pena explorar todas as possibilidades que tem à mão e aquilo que o ambiente próximo tem a oferecer, antes de correr para longe à procura do que quer.

Nodo Lunar Sul na casa 3; Nodo Lunar Norte na 9: pode haver ênfase demais na mente racional e lógica e ter de desenvolver o lado intuitivo, criativo e sensível do cérebro. Há o perigo de serem provincianos demais, e deveriam expandir seu conhecimento explorando outras culturas e crenças, não ficando apenas naquelas que conheceram durante a infância.

Nodo Lunar Norte na casa 4; Nodo Lunar Sul na 10: o crescimento vem através de "trabalho interior" do *self*. Em vez de ficar se aquecendo com as realizações alheias, na berlinda, estas pessoas deveriam dar um tempo para desenvolver as esferas privadas e pessoais da vida, especialmente no ambiente familiar. Explicando: o lar e a alma não deveriam ser negligenciados pelo sucesso mundano. São encorajadas atividades que alimentem a vida sentimental da pessoa e aumentem seu autoconhecimento psicológico.

Nodo Lunar Sul na casa 4; Nodo Lunar Norte na 10: é necessário aventurar-se para fora da base do lar e equilibrar tendências a introspecções mórbidas ou a esconder o *self*, encontrando empregos ou carreiras que de algum modo sirvam à coletividade. No Mapa de uma mulher, isso indica que ser apenas dona de casa não é suficiente. Tendências à reclusão ou à introversão podem rivalizar com a necessidade de desenvolver o sentido da própria autoridade, poder e utilidade através de uma carreira.

Nodo Lunar Norte na casa 5; Nodo Lunar Sul na 11: há necessidade de desenvolver mais a própria criatividade dando mais expressão espontânea ao *self* e aos sentimentos. O que quer que aumente o seu sentido de ser especial e único pode ser encorajado, em vez de se misturar à multidão. Assumir metas e objetivos comunitários em vez de definir suas próprias necessidades e desejos pode vir em detrimento da individuação. Explicando melhor: é mais fácil ser levado pelos outros do que se manter de pé por si mesmo.

Nodo Lunar Sul na casa 5; Nodo Lunar Norte na 11: estas pessoas deveriam ser encorajadas a se envolver em empreendimentos grupais. Existe a necessidade de desenvolver um conhecimento social e/ou político, de promover uma causa comum, em vez de ficar preocupado apenas com seus próprios casos e interesses.

Nodo Lunar Norte na casa 6; Nodo Lunar Sul na 12: é preciso prestar mais atenção ao eficiente e prático direcionamento da vida de cada dia. Não aceitar as responsabilidades da existência mundana pode provocar muito sonho acordado ou o secreto desejo de ser libertado, salvo e mantido pelos outros. Desenvolver e aprimorar suas qualidades, talentos, recursos e capacidades práticas proporcionará mais satisfação. O corpo precisa ser cuidado e respeitado.

Nodo Lunar Sul na casa 6; Nodo Lunar Norte na 12: é preciso mais simpatia e compreensão para com os outros, a fim de equilibrar uma natureza por demais crítica e julgadora. Tais pessoas podem ser controladas e racionais demais, só acreditando naquilo que pode ser visto, provado, medido ou testado. O "coração" precisa ser aberto para que se sintam ligadas a algo maior que elas próprias. Neste sentido, a vida se torna mais rica e significativa.

ASPECTOS ASTROLÓGICOS

Falando sobre os Planetas, em vários momentos utilizei as expressões: bem aspectado e mal aspectado. Essas expressões dizem respeito aos ângulos chamados ASPECTOS ASTROLÓGICOS entre planetas que chamamos de aspectos.

Esses ângulos, medidos em graus, indicam a interação e a inflluência não só entre as energias planetárias, mas também dessas com outros pontos de interesse no Mapa, como o Ascendente, os Nodos Lunares, a Lilith, entre outros. Quanto aos seus efeitos, esses aspectos podem ser harmoniosos, tensos ou neutros.

Aspectos principais e seus efeitos:

* Conjunção (0°): as energias dos planetas se combinam, não havendo muita tensão.

* Sextil (60°): aspecto harmonioso que facilita a expressão das energias planetárias.

* Quadratura (90°): aspecto tenso que cria desafios exigindo, esforço para superar obstáculos.

* Trígono (120°): aspecto harmonioso que oferece fluidez nas energias.

* Oposição (180°): aspecto tenso que pode gerar conflito e polaridades, buscando equilíbrio._

Esses aspectos são complementares na interpretação de um Mapa, uma vez que podem modificar a vibração de um planeta em determinada casa. Veremos isso na interpretação do Mapa de Sílvia.

Abaixo da mandala estão os aspectos que são os pontos de intersecção entre os planetas colocados na linha vertical e os da linha inclinada.

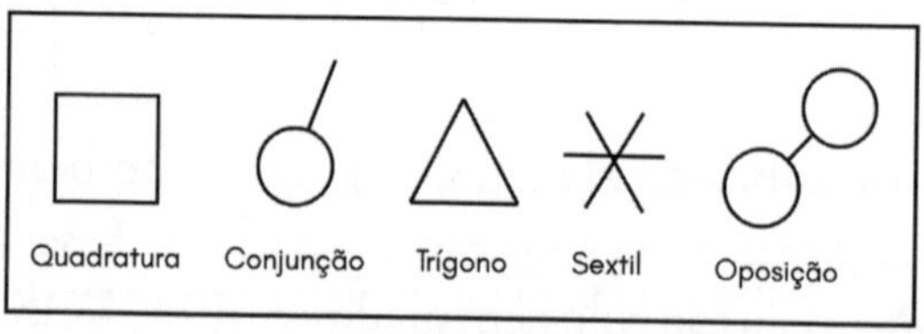

ANÁLISE DO MAPA ASTRAL

Foi através da análise de Mapas Astrais que comecei a perceber que a Astrologia é uma ciência, pois esses Mapas são a comprovação empírica de que a teoria necessita para ser considerada ciência. E, como já afirmei em capítulo anterior, os Mapas astrais, sendo estudos de caso, sempre comprovam a teoria.

Há várias maneiras de analisar um Mapa Astral, mas todas devem convergir para dois pontos fundamentais: demonstrar para o cliente, o mais claramente possível, quais são seus pontos fortes e fracos e também o que é preciso fazer para evoluir como espírito imortal. Nesse sentido, optei por começar a análise pela interpretação dos signos dos planetas pessoais – Sol, Lua, Mercúrio, Marte e o ascendente –, que nos dão uma boa base para entender quem somos.

Num segundo momento, passo a analisar os Nodos Lunares, que nos mostram com muita clareza o propósito da presente encarnação. Na minha maneira de entender, esse é o "centro do Mapa". É a chave para entendermos o propósito de estarmos na Terra.

A seguir, completando essa análise, interpreto a posição dos planetas por casa.

Como exemplo, farei a leitura do Mapa de uma cliente sem identificá-la, naturalmente.

MAPA DE SÍLVIA

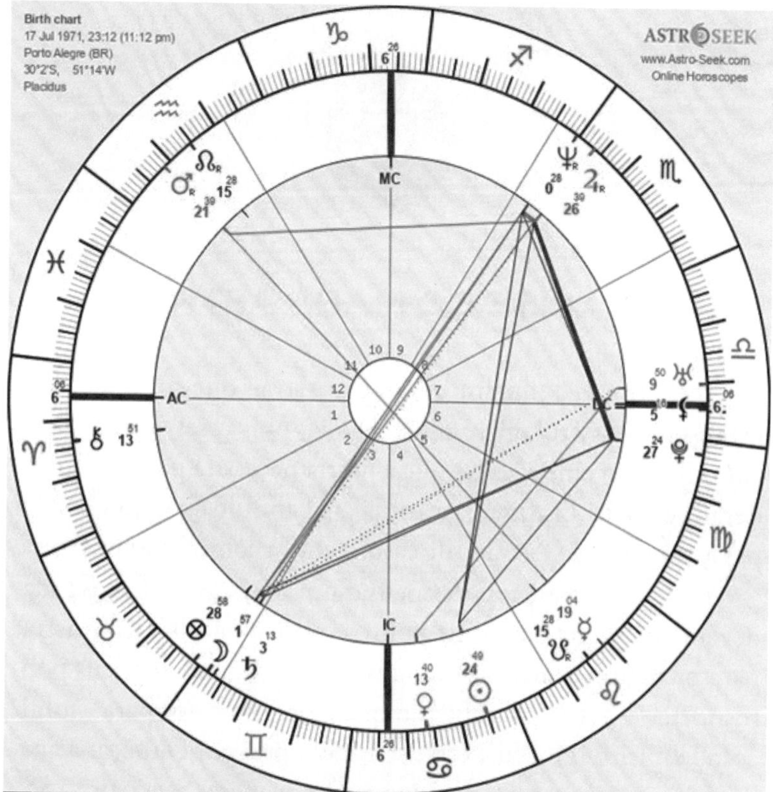

☉	Sun	♋	24°49'	4
☾	Moon	♊	1°57'	2
☿	Mercury	♌	19°04'	5
♀	Venus	♋	13°40'	4
♂R	Mars	♒	21°39'	11
♃R	Jupiter	♏	26°39'	8
♄	Saturn	♊	3°13'	2
♅	Uranus	♎	9°50'	7
♆R	Neptune	♐	0°28'	8
♇	Pluto	♍	27°24'	6
☊R	Node	♒	15°28'	11
⚸	Lilith	♎	5°16'	6
⚷	Chiron	♈	13°51'	1
⊗	Fortune	♉	28°58'	2
AC	ASC	♈	6°06'	-
MC	MC	♑	6°26'	-

	☉	☾	☿	♀	♂	♃	♄	♅	♆	♇	☊	⚸	⚷	⊗	AC	MC
☉	☉															
☾		☾														
☿			☿													
♀				♀												
♂			☍		♂											
♃	△	☍			□	♃										
♄		☌			⋕	☍ ⋕	♄									
♅		△		□			△	♅								
♆	△	☍				☌ ∥	☍ ⋕		♆							
♇	⚹	△	∥			⚹	△		⚹	♇						
☊			☍ ⋕	⚻	☌			△		⋕	☊					
⚸		△					△	☌				⚸				
⚷			△	□				☍			⚹		⚷			
⊗	⚹	☌				☍	☌		☍	△		△		⊗		
AC		⚹					⚹	☍ ⋕	△			☍			AC	
MC				⋕				□				□			□	MC

ANALISANDO O MAPA DE SÍLVIA

Vamos começar pelos signos dos planetas pessoais. Vamos ver o que diz a teoria sobre os signos dos planetas pessoais de Sílvia.

Sol em Câncer: o Sol representa o *self*, o nosso interior. Quem tem o Sol em Câncer é sensível, ligado às raízes familiares, mesmo não morando por perto. Tem um certo retraimento. Gosta de aconchego.

Vênus em Câncer: Vênus indica como o indivíduo exprime o afeto. Quem tem Vênus em Câncer precisa cuidar e ser cuidado, sentir-se parte de uma família para ficar à vontade.

Lua em Gêmeos: a Lua é o planeta que nos mostra como reagimos emocionalmente. Quem tem a Lua em Gêmeos reage rapidamente, observadoramente, instintivamente. Adapta-se a mudanças usando a mente e fazendo conexões.

Mercúrio em Leão: Mercúrio indica como o indivíduo pensa e se comunica. Quem tem Mercúrio em Leão comunica-se energicamente, radiantemente, orgulhosamente. Dá saltos intuitivos em vez de fazer associações lógicas.

Marte em Aquário: Marte indica como o indivíduo afirma e expressa seus desejos. Quem tem Marte em Aquário afirma-se inteligentemente, individualisticamente, excentricamente. A iniciativa e a força de vontade são matizadas pela necessidade de desfrutar ampla liberdade de expressão.

Ascendente em Áries: o ascendente pode ser resumido como a nossa personalidade ou como os outros nos veem. Quem tem ascendente em Áries normalmente é uma pessoa abrupta, agitada, impaciente, sempre com pressa de correr pela vida; muitas vezes agressiva e reativa.

Vamos ver agora como os cinco signos funcionaram no Mapa de Sílvia. Isto é, se a teoria correspondeu à prática.

Sendo uma canceriana (Sol em Câncer) e com o reforço de Vênus também em Câncer, Sílvia é bastante sensível e apegada à família de origem. Também tem uma certa timidez, característica de Câncer.

Com o ascendente em Áries, ela é bastante geniosa e reativa, muitas vezes encobrindo sua sensibilidade inata, o que lhe causa uma certa insatisfação consigo mesma. Segundo ela, o tempo e as experiências de vida fizeram com que ela abrandasse um pouco a sua agressividade.

O apego à família não a impediu de decidir deixá-la e ir morar fora. Com a Lua em Gêmeos, teve uma rápida e fácil adaptação à mudança. Com Mercúrio em Leão, ela tem muito orgulho do seu intelecto e procura aprimorá-lo constantemente. Segundo ela própria, "tem muita vaidade intelectual". Marte em Aquário forneceu a força que ela precisava para desbravar horizontes.

Como pude constatar ao fazer a leitura do Mapa, os cinco signos dos planetas pessoais mais o ascendente retratam fielmente a maneira de ser de Sílvia, o que foi corroborado por ela.

Completada a análise dos signos dos planetas pessoais do Mapa de Sílvia, podemos passar para a análise dos Nodos Lunares: Nodo Lunar Norte e Nodo Lunar Sul.

Entre tantos Mapas que fiz, escolhi o de Sílvia justamente por ser emblemático quanto ao posicionamento dos Nodos.

Ela tem o Nodo Sul em Leão, na casa 5, e o Nodo Norte em Aquário, na casa 11.

O fato de ela ter o Nodo Sul em Leão significa que tem desejo excessivo de aconchego, de permanecer em seu mundo particular sem ter que se expor. E como é na casa 5, que é a casa da autoexpressão criativa, indica que Sílvia tenha trazido de vidas passadas habilidades nessa área, especialmente na escrita e desenho, fato que ela relatou.

Sendo assim, obedecendo às suas inclinações básicas na época do vestibular, ela escolheu Artes Plásticas. Porém, seu pai, achando que seu futuro profissional poderia ser difícil, convenceu-a a fazer, paralelamente, o vestibular para Comunicação e Propaganda, que seria também uma forma de utilizar sua criatividade. Sílvia passou nos dois vestibulares, passando a cursar as duas faculdades. Mas, já no segundo semestre, deixou a faculdade de Artes, ficando só com a faculdade de Comunicação e Propaganda. Na época da formatura, ela começou a ter dúvidas quanto à carreira que havia escolhido, achando que não se encaixava no perfil de publicitária. Como o curso de Comunicação e Propaganda e o de Jornalismo têm a mesma base, Sílvia resolveu ficar mais dois anos na faculdade e se formar também em Jornalismo.

Ela teve muito sucesso nessa profissão, trabalhando nos melhores jornais do país e hoje está em Brasília trabalhando para uma agência de notícias internacional.

"Bom, mas o que tem a ver toda essa trajetória de vida de Sílvia com os Nodos Lunares?", o leitor pode estar se perguntando. Eu respondo: tudo.

Se Sílvia tivesse se acomodado às suas tendências inatas, teria sido uma artista plástica ou escritora, possivelmente trabalhando no aconchego do seu lar, sem muito contato com o mundo. Mas não era isso que estava previsto no seu planejamento de vida. Nesta encarnação, como mostra o Nodo Norte do seu Mapa – casa 11 em Aquário –, ela precisava "sair da casca", se mostrar para o mundo num movimento literalmente ascendente (da casa 5 para casa 11). Por algum motivo que não nos é possível analisar, ela precisava realizar esse movimento para o seu crescimento espiritual.

Com o Nodo Norte na casa 11, a pessoa precisa sair da "aldeia e ir para o mundo", ampliar o máximo que for possível seus horizontes, não só em nível físico, mas também mental. O comportamento de Sílvia foi emblemático nesse sentido, pois saiu de Porto Alegre para Brasília. Ela também viajou o mundo inteiro em função do trabalho.

Todos têm essa facilidade que teve Sílvia para cumprir o seu Nodo Norte? Não, para alguns é muito difícil, já que o Nodo Sul é a nossa zona de conforto, e, às vezes, nos parece quase impossível vencer a inércia. Porém, o Nodo Norte é um polo de muita atração e está nos incitando à mudança, e não cumprir suas determinações pode nos trazer muitas inquietações.

Assim como a análise dos signos, os Nodos Lunares também comprovaram de uma forma inconteste a trajetória de vida de Sílvia.

Completando a análise dos Nodos Lunares do Mapa de Sílvia, que, como já disse, é o centro do Mapa, passo a analisar os planetas nas casas, que sempre podem nos trazer mais algumas informações importantes.

Sílvia tem o Sol e Vênus na casa 4, que é a casa da família, das origens, o que vem reafirmar seu lado canceriano de apego às origens, embora morando há tantos anos fora.

Sílvia tem Urano na casa 7, que é a casa dos relacionamentos íntimos. Sendo Urano o planeta da liberdade, faz com que ela não suporte abrir mão de sua autonomia. Segundo ela, só consentiu em ir morar com seu namorado porque ficou grávida.

Sílvia tem Marte na casa 11, fazendo conjunção com o Nodo Norte, o que provavelmente lhe deu suporte para vencer a trajetória que lhe estava prevista, pois Marte é o planeta da força.

Sílvia tem Saturno e Lua na casa 2(bens materiais). Isso indica que, ao mesmo tempo em que ela gosta de ter esses bens, sente necessidade de manter suas finanças equilibradas.

No Mapa de Sílvia, a Lilith está entre as casas 6 (trabalho) e 7 (relacionamentos). Segundo seu próprio relato, para ela seria insuportável um trabalho rotineiro, o que conseguiu evitar. Aqui estamos falando da casa 6. Quanto à casa 7, a casa dos relacionamentos, ela sempre teve muita dificuldade nessa área. Não pretendia jamais morar com alguém, mas foi vencida pela insistência do parceiro.

A análise do Mapa de Sílvia retratou fielmente sua maneira de ser, seus pontos fortes e fracos e o seu propósito principal nesta encarnação.

Analisei aqui apenas um Mapa, mas poderia ter analisado dez, cem ou mil; todos eles teriam o mesmo resultado no que se refere ao autoconhecimento e propósito de vida do indivíduo. A minha extensa experiência nessa área me permite afirmar isso.

Foi com base nessa observação que posso afirmar que Astrologia é ciência, pois, sendo o Mapa Astral um estudo de caso, que é a comprovação empírica necessária para comprovar a teoria, a repetição dos resultados positivos em 100% das vezes está muito acima das probabilidades estatísticas de qualquer outra ciência.

O leitor não precisa acreditar no que eu estou dizendo, e nem deveria. É importante que verifique os fatos por si mesmo. Basta, para isso, fazer o seu Mapa Astral e o de seus familiares e irá constatar a veracidade das minhas afirmações.

Este livro contém todas as informações necessárias para que o leitos faça seu próprio Mapa, já que hoje é muito fácil fazer pela Internet, e começar a analisá-lo.

CASOS INTERESSANTES

O **Mapa Astral** pode nos ajudar a desvendar situações desagradáveis que nos afligem e não sabemos de onde vêm.

Certa vez, uma médica radiologista de um grande hospital de Porto Alegre veio fazer o Mapa comigo. Agora não estou lembrada dos detalhes do Mapa, mas era uma pessoa muito bem-sucedida na profissão, muito satisfeita com o que fazia, inclusive com o seu chefe querendo promovê-la. Mas aí começou o problema. O marido dela, também radiologista no mesmo hospital, não tinha o mesmo desempenho dela, e ela, não querendo ficar acima do marido, já que ele demonstrava ter problemas nessa área, não aceitou a promoção. Passamos o resto da consulta conversando sobre isso, pois era um fato muito difícil para ela.

No dia seguinte, me liga o marido da médica marcando consulta. Ela o havia convencido de que deveria fazer o Mapa. Ele me enviou os dados, e a hora foi marcada para alguns dias depois. Também não lembro mais dos detalhes do Mapa, mas lembro do fundamental: ele tinha vários planetas na casa 5, casa da autoexpressão criativa, entre eles o Sol. Isso indicava que ele deveria ter escolhido uma profissão menos técnica, em que pudesse usar a sua criatividade.

Quando falei para ele da sua casa 5, ele me contou que sempre quis ser escritor, mas a família o convenceu a seguir a carreira do pai. Se ele tivesse feito o Mapa na adolescência, talvez tivesse tomado coragem e enfrentasse a família, mas agora era tarde demais. Não iria largar um emprego estável para se tornar escritor, porém incentivei-o a começar a fazê-lo como atividade paralela. Ele saiu da consulta bastante aliviado, pois até então pensava que era apenas um incompetente, mas não alguém que estava fora do lugar.

A médica me ligou no dia seguinte agradecendo por ter "salvo o casamento dela", pois, a partir da leitura do Mapa, eles conversaram bastante sobre o que os afligia, e ele, com a autoestima restabelecida, a convenceu de aceitar a promoção.

Outro caso interessante que eu nunca esqueci foi o de uma jovem enfermeira. Começamos a leitura do Mapa normalmente, como sempre faço: pela análise dos signos dos planetas pessoais, depois os Nodos Lunares e por último os planetas nas casas. Até aí tudo bem. Ela estava conversando normalmente, comentando e achando tudo muito pertinente. Mas então chegou a hora de analisarmos o posicionamento da Lilith. Ela tinha a Lilith na casa 3, a casa do pensamento lógico e da comunicação, e sabemos que na casa onde está a Lilith no Mapa podemos ter sérios problemas. Quando eu a questionei sobre isso, ela começou a chorar. Fiquei surpresa, não sabia o que fazer. Fui, então, até a cozinha e fiz um chá de erva-cidreira para nós duas.

Depois que ela conseguiu parar de chorar, contou-me o drama que estava vivendo. Como enfermeira padrão, ela precisava, toda a semana, no hospital em que trabalhava, participar de uma reunião com outras colegas enfermeiras e o médico responsável pelo setor para relatarem as principais ocorrências do período e ela, chorando novamente, disse que não conseguia abrir a boca, tinha verdadeiro pavor de falar em público. Ela já estava pensando em pedir demissão do emprego.

Com a Lilith na casa 3, era óbvio que seus traumas estavam localizados em experiências negativas vividas em outras encarnações e, nesse caso, a Regressão a Vidas Passadas poderia ajudar. Foi isso que eu recomendei a ela, e ela aceitou a minha sugestão. Pelo simples fato de ter localizado o problema, já me pareceu mais tranquila e disposta a enfrentá-lo.

Esses foram apenas dois exemplos, entre muitos, de como o Mapa Astral pode ajudar uma pessoa na identificação e resolução de seus problemas mais profundos.

PALAVRAS FINAIS

Qual o real propósito deste livro? Ensinar como se faz um Mapa Astral? Não só isso. Meu real propósito foi comprovar que Astrologia é ciência e falar de espiritualidade.

Quanto à Astrologia ser ciência, acredito que apresentei suficientes argumentos para provar. Porém, como já disse anteriormente, o leitor não precisa acreditar em mim; pode fazer o seu próprio Mapa e o de sua família e constatar se os meus argumentos fazem sentido ou não. Contudo, deve ter cuidado com o astrólogo que escolher, pois, nessa área, como em qualquer outra, existem maus profissionais que utilizam a Astrologia para fazer previsões, tentando manter o cliente cativo, não dando um passo sem consultar o astrólogo.

Afirmo aqui: a finalidade da Astrologia não é fazer previsões. Ela foi enviada por Deus visando ao nosso autoconhecimento. Previsões são possíveis? Sim e não. O que um astrólogo pode prever são períodos difíceis ou fáceis através do que chamamos de trânsitos astrológicos, que é quando os astros que circulam no espaço se aproximam energeticamente daqueles que estão no nosso Mapa Natal. Nessa aproximação eles podem formar aspectos difíceis, como quadraturas e oposições (aspectos dissonantes) ou trígonos e sextis (aspectos harmoniosos). Sendo assim, a única coisa que o astrólogo pode fazer é alertar o cliente para a existência desses aspectos fáceis ou difíceis, mas nunca dizer exatamente o vai acontecer ao cliente nesse período, pois cada indivíduo é único, com seu próprio planejamento de vida, e os astros não têm o poder de determinar o que vai acontecer nesse período.

Por exemplo: vamos supor que o cliente esteja com uma quadratura de Plutão com Vênus. Plutão é o planeta das mudanças radicais; Vênus é o planeta do amor. Se o cliente estiver em um relacionamento conturbado, é provável que haja uma ruptura. Mas, se está tudo bem com esse relacionamento, o trânsito passa em "brancas nuvens". Como se pode ver, em Astrologia as coisas acontecem sempre de dentro para fora. Os astros, com sua energia, podem ajudar a vir à tona coisas que precisam ser expostas para que possam ser solucionadas, apenas isso; não determinam nada. Repito: somos indivíduos únicos no universo com o livre-arbítrio nos dado por Deus. Somos soberanos em nossas decisões nessa longa jornada rumo à Luz.

Sim, essa jornada é longa, muito longa. Através das nossas diversas encarnações, aportamos aqui na Terra no momento presente, trazendo conosco erros e acertos, vitórias e derrotas, mas tudo que vivenciamos, coisas boas ou más, são experiências valiosas para o amadurecimento do nosso espírito. Se não aceitarmos a reencarnação, não teremos explicações lógicas para a maioria dos acontecimentos na Terra, estaríamos vivendo ao sabor do acaso, sem nenhuma chance de reparar os nossos erros e crescermos como indivíduos. Pelo processo de encarnação, retornamos a uma localização astrológica que nos dá a melhor oportunidade possível de revisitar aquelas escolhas não tão virtuosas. Nesse sentido, os Nodos Lunares e a Lilith, como já constatamos anteriormente, são fundamentais para fazermos essa revisão.

A maioria das religiões reencarnacionistas, como a Teosofia, o Budismo, o Induísmo e a Cabala dos judeus, utilizam o Mapa Astral como um guia para o autoconhecimento. A esse respeito, aconteceu comigo uma coisa interessante, que não deve ser acaso. Nos últimos tempos eu comecei a me interessar pela Cabala. Li diversos livros; entre eles, sobre a Astrologia Cabalista. Foi quando descobri que eu era cabalista e não sabia, pois os cabalistas também têm os Nodos Lunares como o eixo principal do Mapa. No meu caso, eu cheguei a essa conclusão apenas pela observação, pois os Nodos não têm muita relevância na Astrologia tradicional.

Vou citar aqui a passagem do livro *Astrologia Cabalística e o Sentido de Nossas Vidas*, do cabalista Rav Berg, que me deixou agradavelmente surpresa e deu suporte para as minhas convicções: "Suas ações passadas construíram muros. Suas escolhas atuais podem derrubar esses muros. Uma das ferramentas mais poderosas para pôr esses muros abaixo chama-se *tikun*, que em hebraico significa correção. O conceito Kabalístico de *tikun* revela o tipo de escolhas que fizemos nas vidas passadas e, mais importante, quais escolhas devemos fazer no presente."

Ao entender nosso *tikun* pessoal, podemos:

. Identificar nossas fraquezas passadas;

. Reconhecer a bagagem que trouxemos de vidas anteriores;

. Evitar os bloqueios e desvios da estrada que atrasam nosso progresso em direção à Luz;

. Superar nossos medos mais profundos;

. Passar a ser tudo o que podemos ser no sentido mais profundo.

Nosso *tikun* nos mostra o caminho, mostra o trabalho que precisamos fazer em nós mesmos. Em um Mapa Astrológico, o *tikun* é chamado de Nodos Lunares.

O Nodo Sul descreve toda a bagagem que trouxemos de vidas anteriores.

O Nodo Norte descreve o caminho ou a correção a ser tomada em nossa vida presente.

Juntos, eles são a chave para a autorrealização.

Aqui encerro este livro, esperando que ele possa ser um agente de reflexão para os amigos leitores.